☑ 退室の手順

- 両手をわきにそろえて立ち上がり、イスの左横に立つ。
- 「ありがとうございました」と言って、ゆっくりと一礼する。

☑ 好印象を与える身だしなみ

- 清潔な感じの髪型
  （パーマ、カラー、ボサボサ頭は×）
  ※髪の目への掛かり具合には気をつける（目が隠れると印象が悪くなる）

- ピアスはしない

- 制服 or ブレザー
  （派手な色は×）
  ※汚れのついていないものを選び、アイロンを掛けておく
  ※服装の乱れは、本番直前にも必ずチェックする
  （シャツが出ていたり、ボタンが外れたりしていないかなど）

- ツメはきれいに切る

- マニキュア（ネイルアート）はしない

- スカートは短すぎない、長すぎない

- すそがほつれていない

- 靴下は白・黒・グレー・紺

- 靴は事前に磨いておく（革靴は黒）

- 帽子、マフラー、コート、手袋は脱ぐ

本マナー ☑ CHECK!

失礼します

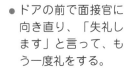

- 背筋を伸ばしまで歩く。
- ドアの前で面接官に向き直り、「失礼します」と言って、もう一度礼をする。
- ドアに向き直って静かに開く。
- 外に出たら、ドアに向き直り、静かに閉める。
- ドアを閉めても、まだ面接は終わったわけではない。静かに控え室に戻り、係の人の指示に従う。

JN080893

巻末ページに続きます ➡

和田 圭史 著

まるまる使える
入試面接合格ナビ 改訂版

MARUMARU

K 桐原書店

はしがき

・恥ずかしがらずに
・二大メッセージが引き立つように
・わかりやすく
・好印象を与えるように

　入試面接の心得「4つのスイッチ」である。数年前、俳優の役作りプロセスにヒントを得てまとめた。これを念頭においておけば、必ず合格回答を導き出せる。

　昨今の入試は多様化しており、総合型選抜、学校推薦型選抜といっても十把一絡げには扱えない。それぞれの大学、学部、学科はそれぞれの入試で「こんな学生を獲得したい」とそれぞれのねらいを持っている。今の時代の入試面接対策では、その個々のねらいにしっかり照準を合わせることが重要だ。ただその一方で、受験生一人ひとりの個性や体験を生かさなくては、面接での合格回答にはつながらない。

　「これ、自分の受験大学にぴったり！」「自分と似ている状況！」と、多くの受験生が自分にとっての手本を見つけられるように、本書には、たくさんの回答例を用意している。そして、そのすべての回答例に、4つのスイッチをいかに意識すべきかをまとめた解説「合格回答ナビ」を付けている。身近に感じられる回答例をひもときながら、ぜひ合格回答のコツをつかんでほしい。

　そのほかにも、面接の最低ライン、出願書類の活用法、質問シミュレーションのコツなど、入試面接で勝つためのとっておきの情報、ノウハウを満載している。すべての大学のあらゆる入試面接の対策が、この一冊で完璧になるだろう。

　本書を読んだ多くの受験生が志望大学に合格することを祈っている。そして晴れて大学に入学してからは、さまざまなコミュニケーションの場において、本書で培った面接回答ノウハウを大いに役立ててもらいたい。

和田圭史

本書の使い方と構成

　第1章、第2章は、全員に読んでもらいたい。ここに、大学入試面接の準備をするうえで必要な、最低限の知識と基本ノウハウを紹介している。

　第3章、第4章は、主要な質問ごとに複数の回答例を紹介しているので、まずは、各質問に対する自分の回答を考えてほしい。次に、質問ジャンル別に、自分と似た志望学部、似た人柄、似た高校生活を描いている回答例をもくじから選び、それを読む。続いて、その前後を読む。このように、選んだ回答を中心に行ったり来たりしながら読んでみよう。そしてすべて読み終わったら、自分が最初に書いた回答をもう一度練り直してみよう。

　第5章は、面接形式別に注意ポイントをまとめた。こちらは志望する大学の面接形式の箇所のみ読めば十分だが、時間がある人はぜひすべて目を通してほしい。

第1章　入試面接で失敗しないための予備知識

　総合型・学校推薦型選抜で面接が行われる理由、そして面接で不合格にならないためにあらかじめ知っておかなくてはならない「10のレッドカード」を紹介している。

第2章　入試面接を成功に導くためのテクニック

　本書の要となる4つのスイッチを筆頭に、質問シミュレーション、出願書類の活用法、身の回りの「人・モノ」の活用など、入試面接に必要なノウハウを紹介している。

第3章　志望理由・セールスポイント合格回答集

　志望理由回答例10本、セールスポイント回答例5本を、4つのスイッチによる解説や質問シミュレーション例とあわせて紹介している。

第4章　よくある質問の合格回答集

　二大メッセージ以外のよくある9つの質問ジャンルごとに、複数の回答例を、4つのスイッチによる解説や質問シミュレーション例とあわせて紹介している。

第5章　さまざまな面接形式

　通常面接、ディスカッション、プレゼンテーション、ウェブ面接の4つに分けて、それぞれの注意点をまとめている。

　いくつかの回答例は、本書の同シリーズ『まるまる使える　出願書類の書き方　三訂版』の例文を下地にしている。同書もあわせて読むと、より一層理解が深まるだろう。

もくじ

はしがき ・・・・・・・・・・・・・・・・・・・・・・・・・ 2

本書の使い方と構成 ・・・・・・・・・・・・・・・・・・ 3

第1章 **入試面接で失敗しないための予備知識** ・・・・・ 7

❶総合型・学校推薦型選抜で面接が行われるワケ ・・・・・ 8

❷入試面接「10のレッドカード」・・・・・・・・・・・ 10

①大学にまるで興味がない ・・・・・・・・・・・ 11

②大学の勉強にまるで興味がない ・・・・・・・・ 12

③何も考えようとしない ・・・・・・・・・・・・ 13

④すぐにあきらめる ・・・・・・・・・・・・・・ 13

⑤コミュニケーション力がまるでない ・・・・・・ 14

⑥敬語をまったく使おうとしない ・・・・・・・・ 15

⑦普通に話せない ・・・・・・・・・・・・・・・ 16

⑧まったく笑わない ・・・・・・・・・・・・・・ 17

⑨基本的な生活習慣が身についていない ・・・・・ 17

⑩学費を払わないおそれがある ・・・・・・・・・ 18

コラム「面接対策に入る前に押さえておこう！」 ・・・・・・・ 20

第2章 **入試面接を成功に導くためのテクニック** ・・・・ 23

❶よい回答を導き出すための4つのスイッチ「はにわこ」・・・・ 24

①恥ずかしがらずに「は」 ・・・・・・・・・・・ 25

②二大メッセージが引き立つように「に」 ・・・・ 26

③わかりやすく「わ」 ・・・・・・・・・・・・・ 27

④好印象を与えるように「こ」 ・・・・・・・・・ 28

4つのスイッチを意識した回答例1〜6 ・・・・・ 30

❷質問シミュレーションで回答に奥行きを与える ・・・・・ 37

質問のコツ ・・・・・・・・・・・・・・・・・・ 38

❸出願書類を面接の台本とする ・・・・・・・・・・・・ 40

①志望理由書 ・・・・・・・・・・・・・・・・・ 42

②自己推薦書 ・・・・・・・・・・・・・・・・・ 46

③活動報告書 ・・・・・・・・・・・・・・・・・ 49

④調査書 ・・・・・・・・・・・・・・・・・・・ 51

❹身の回りの「人・モノ」を活用する ・・・・・・・・・ 53
　①1人のメンターを持つ ・・・・・・・・ 54
　②クラスメイトに口頭試問対策を手伝ってもらう ・・・ 54
　③理科・社会の先生に質問する ・・・・・・・・・ 55
　④小論文の模範解答を読む ・・・・・・・・・・・ 56

第3章　志望理由・セールスポイント合格回答集・・・・・ 57

❶二大メッセージを制する者は入試面接を制す ・・・・・・・ 58

❷「志望理由」合格回答集・・・・・・・・・・・・・ 60
　合格回答例1…弁護士になりたい（法学部）・・・・・・・ 62
　合格回答例2…警察官になりたい（法学部）・・・・・・・ 64
　合格回答例3…教師になりたい（教育大学初等教育教員養成課程国語コース）・・ 66
　合格回答例4…医師になりたい（医学部）・・・・・・・・ 68
　合格回答例5…助産師になりたい（看護学部）・・・・・・・ 70
　合格回答例6…キャビンアテンダントになりたい（国際学部）・・ 72
　合格回答例7…アナウンサーになりたい（文学部新聞学科）・・・ 74
　合格回答例8…商品開発をしたい（経済経営学部）・・・・・ 76
　合格回答例9…研究をしたい（応用生物科学部）・・・・・・ 78
　合格回答例10…研究をしたい（総合政策学部）・・・・・・ 80

❸「セールスポイント」合格回答集・・・・・・・・・・ 82
　合格回答例1…行動力がある ・・・・・・・・・・ 84
　合格回答例2…だれとでもすぐに仲よくなれる・・・・・ 86
　合格回答例3…価値観の異なる人の意見も認められる ・・・ 88
　合格回答例4…ねばり強い ・・・・・・・・・・ 90
　合格回答例5…リーダーシップを発揮できる ・・・・・・・ 92

　コラム 「セールスポイントを決められない人へ」・・・・・・ 94

第4章　よくある質問の合格回答集 ・・・・・・・・・ 95

❶よくある質問で合格回答力をつける ・・・・・・・・・ 96
　①高校生活 ・・・・・・・・・・・・・・・・ 97
　　回答例1…トランペットのソロ演奏（吹奏楽部）・・・・・ 98
　　回答例2…相手ピッチャーのひと言（野球部）・・・・・・ 99
　　回答例3…裁判傍聴 ・・・・・・・・・・・・・・100
　　回答例4…漢検2級合格 ・・・・・・・・・・・・101

②大学生活 ・・・・・・・・・・・・・・・・・・・・・ 103
　回答例1…ボランティア活動 ・・・・・・・・・・ 104
　回答例2…留学（アメリカ）・・・・・・・・・・ 105
　回答例3…クラブ・サークル（バスケットボール部）・・・ 106
　回答例4…オープンキャンパスの学生スタッフ ・・・・ 108
③読書 ・・・・・・・・・・・・・・・・・・・・・・ 109
　回答例1…志望理由関連『フェラーリと鉄瓶』・・・・ 110
　回答例2…現代小説『楽隊のうさぎ』・・・・・ 111
　回答例3…世界の古典文学『ヴェニスの商人』・・・・ 113
④趣味 ・・・・・・・・・・・・・・・・・・・・・・ 114
　回答例1…スイーツの食べ歩き ・・・・・・・・ 115
　回答例2…映画鑑賞『台湾人生』・・・・・・・・ 116
⑤友人関係 ・・・・・・・・・・・・・・・・・・・ 118
　回答例1…部活動の友人（ムードメーカー）・・・・・ 119
　回答例2…クラスの友人（世話好き）・・・・・・・ 120
⑥ウィークポイント ・・・・・・・・・・・・・・ 122
　回答例1…あきらめが悪い ・・・・・・・・・・ 122
　回答例2…おっちょこちょい ・・・・・・・・・ 124
⑦高校の勉強 ・・・・・・・・・・・・・・・・・ 125
　回答例1…好きな科目（美術）・・・・・・・・・ 126
　回答例2…嫌いな科目（世界史）・・・・・・・・ 128
⑧時事問題 ・・・・・・・・・・・・・・・・・・・ 129
　回答例1…最近の気になるニュース（トピック）・・・・ 130
　回答例2…最近の気になるニュース（調査結果）・・・・ 131
⑨適性に関する質問 ・・・・・・・・・・・・・・ 133
　回答例1…コミュニケーション力（看護師）・・・・・ 134
　回答例2…家族の理解（自衛官）・・・・・・・・ 136

第5章　さまざまな面接形式 ・・・・・・・・・・・・ 137

❶さまざまな面接形式に備える ・・・・・・・・・ 138
①通常面接 ・・・・・・・・・・・・・・・・・・・ 138
②ディスカッション ・・・・・・・・・・・・・・ 140
③プレゼンテーション ・・・・・・・・・・・・・ 144
④ウェブ面接 ・・・・・・・・・・・・・・・・・ 148

付記　面接回答練り直しワークシート ▶・・・・・・・・・ 149

第1章

入試面接で
失敗しないための
予備知識

1 総合型・学校推薦型選抜で
面接が行われるワケ

2 入試面接「10のレッドカード」

総合型・学校推薦型選抜で
面接が行われるワケ

ひと足先に大学合格を決めてしまおう！

　総合型選抜と学校推薦型選抜は秋に行われる。受かればひと足先に大学受験を終えられる。総合型選抜ならば11月、学校推薦型選抜ならば12月には進路が決まる。のんびりとお正月を迎えられ、未来は明るい。

　ところがこういった秋の入試を生徒に勧めたがらない先生もいる。勉強不足で大学生になった教え子が、大学の勉強についていけなくなるのを心配するからだ。

　だが私は、チャンスがあるならぜひ受験を勧めたい。

　確かにかつてのＡＯ・推薦入試では、学力試験を課さない大学がかなりあった。それが原因で大学生の学力は著しく低下したと言われている。そのため、2021年度より、ＡＯ入試、推薦入試から呼び名の変わった総合型選抜、学校推薦型選抜では、小論文や共通テストなどの学力試験を課すことが必須となった。

未来の「のびしろ」が合否を決める

　そうは言っても、これらの入試のねらいは、一般選抜と違う。ペーパーテストの得点力をみるのではなく、テストでは推し測れない資質、意欲をみることがねらいだ。言い換えると、これまでの勉強成果をみるのではなく、これから勉強するための「のびしろ」をみる

ための入試なのだ。だからこそ面接試験も行われる。

　百聞は一見にしかず。受験生の資質や意欲をみるには、本人をみるのが一番だ。志望大学・学部の先生が直接面接をして、それぞれの大学・学部の求める学生像にマッチしているかどうかをみる。その大学で学びたい強い動機を持つ学生、ユニークな視点の学生、学科全体の士気を高めてくれそうな学生など、「のびしろ」を感じられる資質、意欲をみるために面接を実施する。

→ 面接のもう１つのねらい

　ただ、面接にはもう１つのねらいがある。提出書類や学力試験で見抜けなかった"困ったチャン"を門前払いすることだ。

　学ぶ意欲がない、社会常識がない、日常習慣もわきまえていない、といった"困ったチャン"を入学させるとその学生の所属する学部・学科は衰退する。学びの雰囲気は壊れ、他の学生にも悪影響を及ぼしかねない。留年者や退学者が増える。就職状況も悪化し、高校への評判もガタ落ちとなる。そうならないために、大学の先生が自ら面接をして、受験生の本質を見抜こうとするのだ。

入試面接「10のレッドカード」

　具体的に、どんな発言、態度をとると"困ったチャン"とみなされてしまうのか。

　それを知ってもらうために、ここで入試面接「10のレッドカード」を紹介する。こう思われたらもうおしまい、「合格」の二文字はこっぱみじんに吹き飛んでしまう、大学入試面接「10の禁止事項」だ。

　面接対策に入る前に、最低限、この10項目にはひっかからないように注意してほしい。これをクリアできなければ、面接重視の入試である総合型・学校推薦型選抜はあきらめたほうがいい。もっと言ってしまえば、大学進学自体を考え直すべきかもしれない。

大学入試面接 10のレッドカード

1. 大学にまるで興味がない
2. 大学の勉強にまるで興味がない
3. 何も考えようとしない
4. すぐにあきらめる
5. コミュニケーション力がまるでない
6. 敬語をまったく使おうとしない
7. 普通に話せない
8. まったく笑わない
9. 基本的な生活習慣が身についていない
10. 学費を払わないおそれがある

① 大学にまるで興味がない

そもそも大学に興味のない人が、4年間も我慢して身を置くとは思えない。すぐに退学してしまうか、居続けても大学の雰囲気を悪くするだけだろう。そう思われても仕方がない。

レッドカード その①

「大学を見学した印象はどうですか」
「別に何とも思わないです」・・・ ><
不合格!

総合型・学校推薦型選抜で受験する大学は、本心はどうであろうと、面接で、受験大学が第一志望であることをアピールしなくてはいけない。そのためには、受験大学の「よい印象」をひと言でも言えるようにしておこう。

加えて言っておくと、受験する大学の名前を読めなかったり、志望する学科の正式名を言えなかったりしたら、「本当にこの大学に来る気があるのか」と疑われても仕方がない。難しい読み方の大学、新設の大学・学部・学科名、カタカナまじりで少し長めの学部・学科名のところを受ける場合には注意しよう。

② 大学の勉強にまるで興味がない

　校舎、サークル活動、優しそうな先輩など、大学への興味をいろいろ語るが、勉強の話が1つも出てこない人がいる。大学をレジャーランドとしか思っていないのだろう。もちろん、大学は勉強ばかりではなく、友人との交流やサークル活動を楽しむ場でもある。ただ、そうは言っても、入試の面接で遊ぶ話ばかりでは、大学の先生をがっかりさせる。

　こういう受験生を大学に入れても、困惑するのは目に見えている。授業中はおしゃべりばかりして、講義の妨げとなるだろう。真面目に授業を受けようとする学生を誘惑して、遊びの渦に巻き込んでダメ学生にしてしまうだろう。そう思われても仕方がない。

レッドカード
その②

「本学科でどんなことを勉強したい？」
「…特にないです。この大学選んだのは、気に入った
　　ダンスサークルがあったからなんで」・・・ ＞＜
　　　　　　　　　　　　　　　　　　　　　　　不合格!

　大学の先生を目の前にしているのだから、大学の学問に対する興味をほんの少しでもアピールするように心がけておこう。

勉強は？

❸ 何も考えようとしない

　少し考えれば答えが見つかりそうなことに対しても、何も考えようとしない。こういう人を教えるのはたいへんだ。講義を聴いていても、本を読んでいてもわからない言葉が1つあると、「もうわからない」と投げ出してしまう。前後の文脈から、どんな意味の言葉なのかを考える気などさらさらない。そうなると、大学の勉強はわかるはずがない。だから大学に行かなくなり、やがてやめてしまう。そう思われても仕方がない。

> **レッドカード その❸**
>
> 「小学校での英語教育についてどう思いますか」
> 「ウチ新聞とってないんで、わかんないっす」・・・ 不合格!

　別に新聞をとっていなくても、少し考えれば、何か意見が出るだろう。自分がもし小学校から英語を習っていたらと考えて、答えてもよいだろう。面接はすべての質問に、正解があるわけではない。予期せぬ質問をぶつけられても、「わからない」で逃げずに、何か答えるように心がけておこう。

❹ すぐにあきらめる

　何事もすぐにあきらめてしまうようでは、大学に4年間通ってもほとんど何も身につかない。卒業と同時に資格取得をめざすような大学では、到底その目標を達成することはできないだろう。また、留年しそうになったり、友人関係がうまくいかなくなったりすると、「やめちゃえ」と簡単に退学してしまうのも、あきらめやすい学生

によくあるパターンだ。運よく卒業できても就活はほとんどうまく
いかないだろう。大学はもちろんこういう人を入学させたくない。

「キミの書いた志望理由書、もう少し具体的な将来のビジョンを
示してくれるとよかったのだけれど、補足説明できませんか」
「えーっと…やっぱ、それ以上無理です」 ・・・ ＞＜
不合格!

　面接の質問は、志望理由書などの提出書類や小論文などの試験内
容が不十分であった場合に、それを挽回（ばんかい）するチャンスでもある。こ
の質問のようにわざわざ大学の先生から挽回のチャンスをもらった
ら、あきらめずに、何か答えるようにがんばろう。

❺ コミュニケーション力がまるでない

　会話がまったくかみ合わない人も要注意人物だ。何を連絡しても
まったく伝わらないので、大学の先生、職員をいつも困らせること
になる。そればかりか、周りの学生にも迷惑をかける。学生同士が
意見交換を行うゼミ形式の授業では、一人話がかみ合わず、周囲を
困惑させるばかりだ。大学を卒業しても、コミュニケーション能力
があまりに劣る場合には就職は難しい。大学はこういう学生をとり
たいとは思わない。

「大学に入学したら、まず何をやりたいですか」
「大学を卒業したら、福祉関係の仕事に進みたいです」・・ ＞＜
不合格!

　面接とは、最低限のコミュニケーション力があるかどうかを確かめる機会でもある。どんなにアピールしたいこと、気になって仕方がないことがあろうとも、「尋ねられた質問に対する答えを返す」というキャッチボールの基本をはずさないようにしよう。

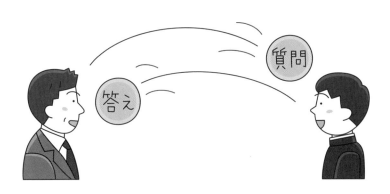

6 敬語をまったく使おうとしない

　敬語を使いこなすのは難しい。だから、敬語を重ねすぎたり、尊敬語と謙譲語を取り違えたりすることは、もちろんしないに越したことはないが、それ自体は大学の先生も大目に見てくれるだろう。ただ、まったく敬語を使おうとしない人というのは、ちょっと考えものだ。

レッドカード その⑥

「まずは受験番号、在籍高校、お名前をおっしゃってください」
「えっとお、168、桐原高、山田一郎」・・・　**＞＜ 不合格!**

　名前の後に丁寧語の「です」をつけるべき。たったこれだけのことだが、「です」があるのとないのでは大違いだ。常識知らずと思

15

われるだけでなく、反抗的な態度ともとられ、その大学を志望する意思を疑われても仕方がない。

　面接官はほぼ100パーセント、大学の先生が行う。先生は友だちではない。先生に対しては「です・ます」をつけて話すことを心がけよう。普段からできていない人は急にはできないので、高校の先生など、大人と接するときは、なるべく敬語を使って話すように今から気をつけよう。

⑦ 普通に話せない

　大人には何を言っているのかほとんどわからない言葉を使う高校生がいる。友だち同士で話す言葉と、大人と接するときの言葉は明確に分けなくてはならない。それができない人も、間違いなくコミュニケーション力がないと見なされる。大学はこういう学生をとりたいとは思わない。

レッドカード その⑦

「あなたの書いた志望理由書、漢字の間違いが5つもありますよ」
「ありえねぇ、めっちゃ、ハズいじゃん」・・・ ＞＜
不合格!

　キミたちが、友だち同士で使う言葉を若者言葉というが、これも急に直すのは難しい。本書を読んだ今から面接試験が終わるまで、若者言葉を使わないように注意しよう。そして大人と会話をするときに、若者言葉を使っていたら注意してくれるようにお願いしておこう。

⑧ まったく笑わない

　大学入試面接で笑顔を売り物にしろと言う気はないが、まったく笑わない人というのは問題がある。キャンパスでも孤立してしまうだろうし、就活でも苦戦を強いられるだろう。昔も今もあらゆる企業の人事担当者が口にしているが、やはり笑顔は最大の武器で、仕事をしていくうえでどうしても必要なもののようだ。

　かといって、始終ヘラヘラしているのは考えものだし、また、変なタイミングで笑っても「こいつ大丈夫かな」と思われてしまうので気をつけたい。

レッドカード
その⑧

「キミ、字が上手だねえ」
「…」（無表情またはつまらなそうな顔）・・・
不合格!

　笑顔を作るのが苦手だと思っている人は、鏡の前で面接の回答練習をしたり、回答練習をビデオに撮ったりしてみよう。自分を客観視することで、笑顔のタイミングもつかめるようになるだろう。

⑨ 基本的な生活習慣が身についていない

　寝ぐせのついた髪形、食べカスのくっついた服、ポケットに手を入れたまま大またを広げて座る、目やにが目からあふれているなど、周りにどう見られようと、どう思われようとお構いなしという人も、大学は歓迎しないだろう。

　朝起きる、顔を洗う、人と会うときは身なりを整える、目上の人に対して無礼な態度をとらないなど、幼稚園、小学校で身につける

ことができていない。言うまでもなく、大学に入れたとしても就活は厳しい結果に終わるだろう。それ以前に、朝起きて大学に来ることもままならない可能性が高い。たとえ受験生を集めるのに苦労している大学でも、さすがにこういう人はとらないだろう。

レッドカード その⑨

「キミ、朝起きたら、髪をとかさないの？」
「見た目とかあんまり気にしないんで」・・・ ＞＜ 不合格!

　自分はだらしないと自覚を持っている人はまだ救いがある。親や学校の先生にチェックしてもらい、今から改善しよう。

⑩ 学費を払わないおそれがある

　実は今いくつかの大学で、学費滞納者の増加が大きな問題となっている。もちろん、面接では、社会人対象の場合は別として、高校生に対して「あなたのお家には学費を４年間払う経済的余裕がありますか」というような露骨な質問はしない。だから、発言や態度で「学費を納めないおそれがある」と勘違いされないように注意する必要がある。

レッドカード その⑩

「何かお聞きになりたいことはありますか」
「あの、合格したらなんですけど、もしも入学手続きの期限日までに入学金と授業料を支払わなかったら、合格取り消しですか」・・・ ＞＜ 不合格!

　回答例のように、支払いに不安があろうとも、そのことを面接の席で言うべきではない。「これはもしかして…」と疑われても仕方がない。まさに「飛んで火にいる夏の虫」である。学費に対する不安や相談は、面接の場で大学の先生に尋ねることではない。

　加えて言っておくと、家庭の事情により、経済的な不安がある人は、願書提出前に、大学職員の方に相談してみよう。きっと親切にアドバイスしてくれるはずだ。

　また、今はオープンキャンパスで保護者相談コーナーを設けている大学も多く、そこでは奨学金の種類や受け方、在学生のアルバイト状況、一人暮らしをする場合の大学近辺の家賃の相場などを事細かに教えてくれる。経済的な心配は親を通して相談してもらうほうが具体的な見通しを立てやすいだろう。

　苦労して大学に通っている学生はたくさんいる。お金の相談をすること自体は決して恥ずかしいことではない。ただ、タイミングと相手を間違えないようにしよう。

　以上、10のレッドカードに注意して、しっかりと面接対策をすすめてほしい。

　大学受験の面接で最低限クリアしなくてはならないことは何なのか、それを理解することが、入試面接で失敗しないための予備知識だ。これが押さえられたら、今度は入試面接を成功に導くために何をすべきかを考えよう。

　というわけで、第2章は、入試面接を成功に導くテクニックを紹介する。

面接対策に入る前に押さえておこう！

∷ 入試のねらいは「選び出し」か「ふるい落とし」か

　大学が面接試験を行う目的は大きく分けると2つある。1つは、「優れた資質を持った受験生を選抜する」ためであり、もう1つは、「適性を欠く受験生をふるい落とす」ためである。多くの大学では、この2つの目的を同時に面接で果たそうとするが、大学の難易度と入試の種類によって、「選び出し」と「ふるい落とし」のどちらに重きを置いて審査するのかがわかる。

　次の表を見てほしい。

▶面接対策を考えるための入試区分

難関の総合型選抜	← 「選び出し」度が高い
総合型選抜 **学校推薦型選抜（公募制）**	↑ 大学の難易度が上がるほど 「選び出し」濃度が上がる
学校推薦型選抜（指定校制） **一般選抜**	← 「ふるい落とし」度が高い

　国立大学や早慶などのいわゆる一般選抜での難易度の高い大学の総合型選抜にはさまざまな能力、実績を持った受験生がたくさん集まる。その大勢の中から、ペーパーテストでは推し量れない優れた資質を持った受験生を面接で選抜する。

　難関以外の総合型選抜は、「選び出し」目的が強いか、それとも、ダメ受験生の「ふるい落とし」目的が強いか、大学の難易度によってその濃度がかわる。

　続いて学校推薦型選抜を見ていこう。大きく分けて、公募制と指定校

制の２つに分けられる。公募制の面接目的の分類はほぼ総合型選抜と同じと考えてよい。難関大で行われる学校推薦型選抜の公募制は、やはり「選び出し」目的で、難関総合型選抜と変わらない。

　近年、人気の高まっている学校推薦型（指定校制）は「『ふるい落とし』度が高い」に入っているが、上智大学、医学系の大学などの一部の例外を除いて、ほぼ合格を約束された入試なので、著しく適性を欠くことがなければ、ふるい落とされることはない。

　一般選抜では、医学部、看護学部、教育学部などの二次試験に面接が実施される場合が多い。ここでも、著しく適性を欠く者のふるい落としが面接の目的と考えてよい。この３つの学部の場合には、コミュニケーション能力や道徳観が著しく欠如していないかどうかを確認することが面接の目的である。コミュニケーション能力、道徳観が欠けていると、将来の就活はまずうまくいかないからだ。

教育のねらいは「研究者・リーダー養成」か「社会で活躍できる人の養成」か

　次に「教育のねらい」という観点から日本の大学を分けてみる。

　大きくは２つに分けられる。１つは、研究者や社会のリーダーとなる人材を養成する大学、もう１つは、仕事を持ち、実社会で活躍できる人材を養成する大学だ。批判を受けるのを承知で言えば「就活で勝てる人を育てる大学」という意味にかなり近い。

　前者は一握りの大学だ。東大・京大などの難関国立大学と早慶など一部の私立大学があてはまる。その他の大多数の大学は後者である。

　「研究者・リーダー」、「社会で活躍できる人」、志望する大学はどちら

の人材を育てようとしているのか、それを押さえておくことは面接対策をするうえで重要だ。

　注意したいのは、偏差値の高い難関大学だからといって必ずしも「研究者・リーダー」を育てることを目的としているわけではないということだ。難関大でも医学部や弁護士・裁判官になるための法科大学院を備えた法学部など、学部によっては「社会で活躍できる人」を育てる大学といえる。

　実は、大学が育てようとする人材には、もう1パターン、大きなものがある。地方大学限定だが、「地元に貢献できる人」だ。しかしこれは「研究者・リーダー」あるいは「社会で活躍できる人」を目指しつつ、「地元に貢献できる人」という意味になる。例えば、都市圏（東京・近畿）以外の地方大学の医学部や看護学部は地域医療の担い手を育てるのが目的で、単なる医療従事者を育てているのではないという意味だ。

▶大学の教育目標（育てようとしている人材）

研究者・リーダー	社会で活躍できる人
地元に貢献できる人	

※第3章の志望理由回答集では、難関総合型選抜入試志望者、研究者・リーダー養成型大学志望者、地元貢献型大学志望者に、特に念入りに読んでほしい回答例には、それぞれ 難関総合 、 研究リーダー 、 地元貢献 のマークを付けている。参考にしてほしい。

第2章

入試面接を成功に導くためのテクニック‼

① よい回答を導き出すための
4つのスイッチ「はにわこ」

② 質問シミュレーションで
回答に奥行きを与える

③ 出願書類を面接の台本とする

④ 身の回りの「人・モノ」を活用する

1 よい回答を導き出すための 4つのスイッチ「はにわこ」

　面接でよい回答をするには、もちろん準備が必要だ。あらかじめ予測できるいくつかの質問に対しては、ノートに書き、まとめておこう。

　ただ、面接では何を聞かれるかわからない。山ほど回答を用意しても、まるで予想していなかった質問を受けることもある。また、あらかじめ用意した回答も、がちがちの丸暗記だと、似て非なる質問を受けた場合に応用がきかず、せっかくの準備が水の泡となってしまうおそれもある。

　「どんなに突飛な質問を受けてもなんとか切り抜けられるための対策を、事前に準備できないだろうか」

　そう考えてまとめ上げたのが、合格回答を導くためのヒント「4つのスイッチ」だ。

4つのスイッチ

1 ▶ は …恥ずかしがらずに

2 ▶ に …二大メッセージが引き立つように

3 ▶ わ …わかりやすく

4 ▶ こ …好印象を与えるように

　「は」「に」「わ」「こ」と覚えてほしい。

　回答準備の段階から、この4つのスイッチを意識してみよう。そ

うすれば、面接本番で予期せぬ質問を受けても、4つのスイッチが瞬時に働き、よい回答を導き出せるようになる。

では、1つ1つ見ていこう。

① 恥ずかしがらずに は

まずどんな回答をするにしても、恥ずかしがってはいけない。面接はキミ自身をアピールする場だ。たくさんの受験生の中からほかならぬキミを選んでもらう。それもわずか数十分の面接で、採点官はキミを大学に迎えるのにふさわしい学生かどうかを判断する。恥ずかしがっている場合ではない。

本番だろうと練習だろうと、**面接が始まったら恥ずかしいと思う気持ちは捨てよう**。回答準備の段階から恥ずかしがることを容認していると、いざ本番というときにも、つい恥ずかしさを表に出してしまうおそれがある。面接準備のときには「恥ずかしがっていてはよい回答ができない」と自分に言い聞かせよう。

質 問 例 1

「本学を志望する理由は何ですか」

「無理かもしれませんが、看護師になるためです。もしだめだとしても、看護について学んだことはいつか生かせるだろうと思ったためです」・・・**NG**

「無理かもしれませんが」「もしだめだとしても」は、ともにいらない。未来のマイナス予想をしている場合ではない。

② 二大メッセージが引き立つように

面接では絶対に伝えなくてはいけない2つのメッセージがある。

1つは「志望理由」。キミがなぜその大学に行きたいのかという理由だ。

もう1つは「セールスポイント」。個性、人柄、価値観、信条などで、これぞキミの魅力というものだ。

二大メッセージについて直接尋ねられることもある。そのときはストレートにメッセージを伝えてほしいが、その他の質問のときにも、なんとか二大メッセージが引き立つような回答ができないかと、頭を働かせてみよう。

あまりに無理なかたちで結びつけるのは問題だが、回答準備をするときに常に二大メッセージを意識しておくことで、何が結びつけられそうかも見えてくるだろう。

質問例 2

（将来、看護師を目指している場合に）
「高校時代の一番の思い出は何ですか」

「老人ホームへの慰問、河川敷のゴミ拾い、養護施設での演奏会の補助を行いました。一番印象に残っているのは大勢の友だちと出かけた河川敷のゴミ拾いです」 ・・・ **NG**

回答としては悪くないが、もしも医療、看護、福祉、教育関係の仕事に就くことが将来の目標だとしたら、老人ホームまたは養護施設でのボランティア体験を一番印象に残っている体験として語るほうが得策だろう。志望理由を引き立てられる可能性が高い。

③ わかりやすく わ

　どんなにキミが優れた考えを持っていたとしても、それが面接官に伝わらなければ意味がない。何も考えていない人と同じ評価になってしまう。わかりやすく伝えようと意識することは大切だ。

　コツは2つある。

　1つは、しぼりこむこと。1つの質問に対して、回答は原則1つ。あれもこれも言わない。

　もう1つは、**具体的に伝えること**。抽象的な言い方はしない。専門的なこと、地域特性の強い話題、若者特有の文化などは、だれもが目に浮かぶように具体例を挙げながら説明する。

質 問 例 3　「あなたのセールスポイントは何ですか」

「私のセールスポイントは、人にやさしく、忍耐強く、リーダーシップも発揮できて、縁の下の力持ちになれ、年の離れた人とでもすぐに打ち解けて話ができて、健康なことです。漢検2級です。体が柔らかいです」・・・ **NG**

　よいところをなんでもかんでも詰め込んでしまったような回答だ。これではかえってキミの魅力が伝わらない。1つかせいぜい2つにしぼること。

質 問 例 4　「歴史学科で特にどんなことを研究したいですか」

「西洋史を研究したいと思います」・・・ **NG**

「西洋史」では、研究したい内容があまりに漠然としすぎている。もう少し具体的に、どの時代を研究したいのか、どのような点に着目して西洋史を研究したいのかを言えるようにしておくとよい。そのほうが、歴史学科で勉強したいという熱意が伝わる。

④ 好印象を与えるように

やはり伝えるからには、面接官によい印象を与えなくてはならない。準備段階では、回答1つ1つでよい印象を与えて、1点1点ポイントを稼いでいくような意識を持つとよい。

これもコツは2つある。

1つは常にプラスイメージを与えながら回答を締めくくることだ。面接ではどうしても、自分のマイナスポイントも話さなくてはならないときがある。短所を聞かれたり、成績の悪い科目について尋ねられたりすることもある。そんなときも、最後に、今後の努力目標や、今改善に向けて努力している過程を説明できれば、マイナス点を克服しようとしているプラスの姿を伝えることができる。どんなに都合の悪いことを聞かれても、プラスで締めくくることを常に心がけておくと、ほとんどの回答で好印象を与えることができる。

もう1つは、もう一歩踏み込んで答える意識を持つこと。つまり、積極性を伝えることだ。難関の総合型選抜の場合には、一歩踏み込んで自分をアピールできるかどうかが合否の分かれ目になることもあるから、この点はしっかり押さえて、準備段階から強く意識を持ってほしい。もちろん、聞かれてもいないことを長々と語るのはよくないが、恥ずかしい気持ちに負けずに「もう一歩」だけ踏み込んでアピールするという意識が大切だ。

質 問 例
5

「あなたは体育の成績がよくないですね。
福祉の仕事は体力も必要ですよ。大丈夫ですか」

「長い距離を走ることや、重い物を持ち上げるのは正直自信があり
ません」・・・ **NG**

　こう答えてしまったら、福祉の仕事に就くことをあきらめたと思
われても仕方がない。とりあえず自信がなくても、「体育の成績は
悪いが体力には自信がある」「受験が終わったら体力強化のために
水泳に通う予定」などと、体力的な問題が将来の夢を阻むことはな
い、心配ご無用と、バシッと伝えるようにしたい。

質 問 例
6

「最近どんな本を読みましたか」

「『型破りのコーチング』という本を読みました」・・・ **NG**

　最近の高校生はあまり本を読まないので、本を読んでいるだけで
も称賛に値するかもしれない。でも、せっかく読んだ本をアピール
できるのだから、もう一歩踏み込んで、どういうところが面白かっ
たとか、どんな点が印象深かったとか、内容を少し語ると、好印象
を与えることができる。

　では、紹介した質問１〜６の回答例を、４つのスイッチを意識し
てまとめてみよう。

| 回答例 1 | 「本学を志望する理由は何ですか」 |

「はい、将来看護師を目指しているからです。私は祖父の臨終に立ち会った経験から、将来は高齢者の心と健康管理の両面から手助けできる看護師になりたいと思いました。数ある看護大学から特に〇〇大学を第一志望に選んだのは、老年看護学の講座がとても充実しているため、私の将来の夢を実現するのに最も適した環境であると判断したためです」・・・**OK**

は　看護師になりたいと思って大学を受けたのなら、グジグジ言わずにそのことをストレートに伝える。

に　二大メッセージの1つ、志望理由そのものを聞かれているので、それをずばり伝える。

わ　どんな看護師を目指すのかを具体的に伝えると、志望理由がよりわかりやすくなる。もちろん看護師になったら、子どもから老人まで、すべての人の看護に携わらなくてはならないのはだれでもわかっている。だから伝えるメッセージとしては、あえて「高齢者の手助けになる看護師」としぼりこんで伝えるほうが、アピール力は断然強くなる。

こ　他の大学ではなく、その大学を選んだ理由を添える。この一歩の踏み込みが大事だ。その大学に対するこだわりを示すことができれば、好印象を得られる。例では「数ある看護大学から特に〇〇大学を第一志望に選んだのは、老年看護学の講座がとても充実している」という部分がそれにあたる。

回答例 **2**　「高校時代の一番の思い出は何ですか」

「合唱部のメンバーとして、特別養護老人ホームに慰問に出かけたことです。唱歌に加え、ゆずや、いきものがかりの曲も歌いましたが、意外にも最近の曲をとても気に入っていただけたようでした。高齢者の皆さんと音楽の趣味を共有できたことが大きな発見になりました」・・・ **OK**

は　思い出を語るなんて恥ずかしい、と思っている人もいるかもしれない。恥ずかしがっている場合ではない。自分をアピールできる思い出話を存分に伝えよう。

に　可能であれば、二大メッセージを引き立てる思い出話ができるとよい。将来の夢が看護師や福祉職に就くことであり、そのことを志望理由としているならば、この回答例はその適性を裏付けるエピソードになる。また、セールスポイントが、優しさや打ち解けやすい性格ならば、このエピソードはそれを裏付けることになる。

わ　慰問に出かけて合唱を披露した、という話だけに終わらせず、どんな曲を歌ったのかも具体的に伝える。例では「唱歌に加え、ゆずや、いきものがかりの曲も歌いましたが…」の部分がそれにあたる。

こ　思い出を語るだけに終わらせずに、もう一歩踏み込んで、その思い出から何を感じたか、何を得たかを伝えられるとよい。例では「音楽の趣味を共有できたことが大きな発見になりました」という部分がそれにあたる。

回答例 3

「あなたのセールスポイントは何ですか」

「物怖じしない性格が私のセールスポイントです。私は高校3年間剣道部に所属していましたが、部活動の進め方について改善したほうがよいと思ったことに対しては、相手がたとえ上級生でも提案するようにしてきました。将来企業に就職しましたら、この性格を生かし、新しい企画をたくさん提案したいと思います」

・・・ **OK**

は　セールスポイントを伝えるような「自慢」を恥ずかしいと考える人がいる。面接で伝えるセールスポイントはキミの内面にある魅力。つまり見えない部分だ。だから自分からアピールしないと人には伝わらない。まして面接官はキミに初めて会って、ほんの数十分間いっしょにいるだけの人だ。恥ずかしがってアピールしなければ、まず伝わらない。

に　これは二大メッセージの1つをそのまま聞いているので、ずばりとストレートに伝える。

わ　セールスポイントは1つにしぼる。あれこれたくさん挙げてはいけない。また、そのセールスポイントを裏付けるようなエピソードを添えると、よりわかりやすく伝えられる。例では「部活動の進め方について…提案するようにしてきました」という部分がそれにあたる。

こ　もう一歩踏み込んで「セールスポイントを将来どう生かすか」を伝えると、さらにキミのセールスポイントは印象強くなる。「自分

の生かし方をわかっている人だから、将来の就活も大丈夫だろう」
と、好印象を得ることになるだろう。例では「将来企業に就職しま
したら…」という部分がそれにあたる。

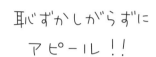

「歴史学科で特にどんなことを学びたいですか」

「私は18世紀産業革命の時代について、特に学びたいと思います。
そして1980年代に起こった情報革命の発展とどのような類似性が
あるのかを、さまざまな角度から考察してみたいと思います」

　このたぐいの、勉強内容に関わる質問になると、「もしかしたら
間違っているかも」と不安がよぎり、はっきりと自分の考えを伝え
ない人がいる。それではダメだ。腹を決めて、はっきり伝える必要
がある。ただ、「志望学部で学びたい内容」という質問は十分に予
測がつく。だから、事前に曖昧な知識をはっきりさせておくのが、
恥ずかしがらずに済む最良の方法だ。

　これも二大メッセージの1つである「志望理由」に関わる質問な
ので、素直に答えればそれでよい。

西洋史だけでなく、どの時代、どの地域、どんな切り口で歴史を学びたいのかを具体的に伝えることで、大学で勉強したいことがよりわかりやすく伝えられる。この場合も、学びたいテーマをしぼって伝えるほうがよい。例では「18世紀産業革命の時代について、特に学びたい」という部分がそれにあたる。

 　最も関心の高い時代の歴史を学んで、さらに、もう一歩、その学びをどう発展させていくのかまで伝えられると、非常に好印象を与えることができる。例では「1980年代に起こった情報革命…」という部分がそれにあたる。

わかりやすさの秘訣は「具体性」と「しぼりこみ」

回答例 5	「あなたは体育の成績がよくないですね。福祉の仕事は体力も必要ですよ。大丈夫ですか」
	「スポーツはあまり得意ではないのですが、体力には自信があります。父親は登山が趣味なので、大学生になったら父といっしょに私も登山に挑戦してみようと思います」 ・・・ **OK**

 　ウィークポイントの指摘を受けても、そこで顔を赤らめて、うつ

むいてしまっては、合格を放棄したも同然だ。恥ずかしい気持ちは抑え込んで、笑顔で挽回しよう。

に ウィークポイントの指摘を受けたときの対応次第で、へこたれない性格や、前向きな姿勢などをアピールできる。そういった気質をセールスポイントにすれば、この質問の回答で、それを引き立てることができる。

わ 「体育の成績が悪い＝体力がない」ではないことを具体的に説明するとよい。

こ マイナスの指摘を受けた場合には、回答の終わりをプラスイメージに転化する。「体育の成績が悪い＝体力がない」ではないことを伝えるならば、そのことを証明する具体的な出来事を紹介する。体力に自信がない場合には、それを大学4年間でどう克服するか、その具体的な計画を示すとよい。例では「大学生になったら…」という部分がそれにあたる。

回答例 6 「最近どんな本を読みましたか」

「『型破りのコーチング』という本を読みました。著者は金井壽宏さんと、元ラグビー日本代表監督の平尾誠二さんのお二人です。私は高校3年間ラグビー部で活動していましたが、チームのメンバーに自分の考えを伝える難しさをつくづく感じていました。本の中で平尾さんは、コーチングとは教える側の発信機ではなく、いかに教えられる側の受信機の精度を高めるかがポイントであると紹介していて、なるほどと思いました」・・・**OK**

は　紹介する本は、何も学部に関連した分野の本でなくても構わない。軽めの小説などでも恥ずかしがる必要はない。ただ、読んでいないという回答、マンガやタレント本では恥ずかしい。1年以上前に読んだ本でも、学校の宿題で読まされた本でも構わないから、何か1冊は用意しておこう。

に　紹介する本が志望理由に関連する本であれば、もちろんそれを引き立てることができる。また、読んだ本自体が志望理由にたどりつくきっかけになったというケースももちろんあるだろうから、それをそのまま伝えてもよい。

　文学作品の場合には、そこからある価値観や人間形成のヒントとなる言葉に出会うこともあるだろう。それをセールスポイントにしていれば、ストレートにメッセージとして伝えられる。

わ　タイトル、著者を具体的に紹介するのは、面接官に本のイメージをわかりやすく伝えるための初歩的な気配りだ。

　いくら読書家だろうと、何冊も紹介してはいけない。1冊にしぼる。学部関連の本と趣味で読んだ小説というように、種類の異なる2冊を紹介するのはよい。

こ　タイトル、著者を紹介するだけにとどまらず、もう一歩踏み込んで、その本のあらすじやテーマ、印象に残った言葉などを紹介すると、とても印象深くなる。回答例6では「本の中で平尾さんは、コーチングとは教える側の発信機ではなく…」という部分がそれにあたる。

質問シミュレーションで回答に奥行きを与える

質問シミュレーションとは…

第2章

　さて、4つのスイッチに従って、いくつかの質問に対する回答を考えたら、今度はその回答に対して、あらゆる角度から自分自身で質問をぶつけてみよう。そして、その質問の回答を考える。さらにその回答に対して、また質問を考えてみる。このように、**質問→回答→質問→回答と数珠つなぎに質問と回答を考えてみよう**。私はこれを質問シミュレーションと呼んでいる。

　どのように質問を導き出せばよいのか、そのコツを、前項で紹介した質問1の回答例を使って紹介しよう。

回答例 1

「本学を志望する理由は何ですか」

「はい、将来看護師を目指しているからです。私は祖父の臨終に立ち会った経験から、将来は高齢者の心と健康管理の両面から手助けできる看護師になりたいと思いました。数ある看護大学から特に○○大学を第一志望に選んだのは、老年看護学の講座がとても充実しているため、私の将来の夢を実現するのに最も適した環境であると判断したためです」

質問のコツ

1. 具体的な内容を聞く ぐ

「具体的に」「どのような～」「例えば～」「特に～」というフレーズを使って質問を考えてみるとよい。

例 「どのような点で本学の老年看護学の講座が充実していると感じましたか」

2. 理由を聞く り

「なぜ～」「どうして～」というフレーズを使って、根拠、原因、意義、役割などを追及してみるとよい。

例 「なぜ高齢者の看護には心と健康管理の両面から手助けをする必要があると思いますか」

3. 意思を確かめる い

本当に意思は固いかを確認するために、あらゆる角度から質問を浴びせる。

例 「将来就職した病院で、老人医療とは異なる科に配属になったらどうしますか」

4. 知識を問う ち

いわゆる口頭試問。

例 「高齢者のうち、後期高齢者とは、何歳からを指すかご存知ですか」

　質問シミュレーションはなにも質問のヤマをはるためにやるのではない。これをすることで回答に奥行きと柔軟性が加わる。回答に

奥行きと柔軟性が加われば、似て非なる質問や少し角度の異なる質問にも対応できるようになる。

　実際の入試面接でも、1つ1つの質問をぶつぎりに受けるわけではなく、受験生が回答したことに対して次の質問を繰り出すというように数珠つなぎに実施されることが多い。だから、やみくもにたくさんの質問の回答を用意するより、いくつかの主要な想定質問に対し、質問シミュレーションをやりながら回答を用意するほうがより実践的な面接トレーニングになるはずだ。

3 出願書類を面接の台本とする

　総合型・学校推薦型選抜では、願書といっしょに志望理由書、自己推薦書、活動報告書などの、受験生自身が書いて仕上げる提出書類がある。これらは、面接官にとっての大事な面接台本になる。

　面接官は、受験生の出願書類を見ながら、どんな質問をしようかと考える。例えば志望理由書に、「私は将来看護師になりたい」と書いてあれば、「どんな看護師になりたいと思いますか」などのように志望理由をさらに突っ込んで聞いてみたくなる。あるいは、「日本の医師不足は何が原因だと思いますか」というような質問で、受験生の医療問題に対する見識や関心の高さを確かめたくなる。活動報告書の記載に「第6回全国高等学校カーリング選手権出場」とあれば、「高校生の競技人口はどのくらいで、何回ぐらい勝つと全国大会に出場できるの?」あるいはもっと初歩的な質問で「カーリングはどんな競技なの?」と尋ねる面接官もいるだろう。このように面接官は、出願書類から受験生自身の言葉や考え方、実績を拾い上げて、面接の大まかなシナリオを思い描いていく。

　私の運営する塾から総合型・学校推薦型選抜を受けた受験生に、面接でどんな質問をされたかをアンケートで尋ねると、「最初から最後まで志望理由書に関する質問だった」というような回答もずいぶんある。

　だから受験生側も、提出した出願書類とにらめっこしながら面接官になったつもりで質問シミュレーションをやってみよう。それだけでかなりの面接対策になる。

　台本となる出願書類で、**面接官が最も重宝するのは志望理由書と自己推薦書**だ。志望理由書は志望理由、自己推薦書はセールスポイントをまとめ上げたものだ。

　逆に考えると、この2つの文書を練りに練ってよいものに仕上げておけば、自分に都合のよいシナリオを面接官に与えることになる。自分の魅力を存分にアピールするチャンスも広がるわけだ。

　そんなわけで、まずは志望理由書、自己推薦書をしっかり仕上げることが、面接対策の第一歩と言える。そこで、2つの文書の基本的なまとめ方を紹介しよう。なお、自分の受験大学でどちらかの文書の提出が必要ない場合も、両方とも書くことを勧める。そうすることで、二大メッセージを深く考えて、その考えたことをわかりやすくまとめておくことになるからだ。書くことは考えること。2つの文書を書く作業は、二大メッセージを高めることにもなる。

　志望理由書、自己推薦書のさらに詳しい書き方は『まるまる使える 出願書類の書き方 三訂版』（樋口裕一・和田圭史著、桐原書店）を参考にしてほしい。なお、ここで紹介する模範例文は同書からの引用だ。あわせて読むと、より理解が深まるだろう。

　志望理由書も自己推薦書も書き終えたら、模範例文とあわせて紹介した質問シミュレーションを参考に、自分のまとめた文書にも質問をぶつけてみよう。

① 志望理由書

志望理由書は、次の四部構成でまとめるとよい。

第一部　志望理由

志望する大学・学部に行きたい**単刀直入な理由**を最初にはっきり示す。

単刀直入な理由は、将来の職業的目標、または大学で学びたい内容を１〜３行程度でまとめる。

例「将来〜になりたいので、○○大学●●学部を志望する。」

「〜を学びたい。それが○○大学●●学部を志望する理由だ。」

第二部　きっかけ

第一部で示した志望の理由を持った**きっかけ**を個人的体験に沿って書く。個人的体験は、人との出会い、１冊の本、感銘を受けた映像、講演、体験などをまとめる。

第三部　社会的意義／具体的ビジョン

志望理由を成就するための基礎知識習得の形跡は、ここで示すことができる。

将来の職業的目標を志望理由に挙げた人は、目指す職業や成し遂げたい仕事には、**社会においてどんな意義**があるのか。または、なりたい職業に就いたり、やりたい仕事に関わったりして、**具体的に**どんなことを実現したいのか、そのビジョンを書く。

大学で学びたい内容を志望理由に挙げた人は、その学問、研究が社会にとってどのような意義があるのか、または、具体的にどんなことを研究したいのか、どのようなかたちでアプローチしていきた

いのかを書く。

第四部　まとめ

　全体をまとめて、もう一度志望理由を示す。そしてここで志望大学・学部に対するこだわりを示す。すなわち、「志望大学ならではの特徴」に触れ、自分の志望理由に最も沿うのは、受験大学であることを示す。

志望理由書の模範例

志望理由 ➡　私は将来看護師になりたいので、○○大学医学部看護学科を志望する。

きっかけ ➡　私が看護師を目指そうと決めたのは、祖父の臨終に立ち会ったことがきっかけである。祖父は82歳のときに肝硬変のため病院で亡くなった。祖父は亡くなる1週間前より個室に移され、死の直前に訪れる最後の苦しみを味わっていた。腹水や吐血で醜く変わり果てた祖父の姿は目を覆いたいほどだったが、そのときに祖父を担当した看護師は、笑顔で祖父に話し掛け、祖父が好きだった野球の話などをしてコミュニケーションをとっていた。祖父は点滴を受けながら時折涙を流していたが、あれは看護師の方への感謝の印だったに違いない。私は祖父を担当した看護師のように患者、特に高齢者の心の支えになるような看護師になりたいと思った。

社会的意義 ➡　今後日本は総人口が減少する中で65歳以上の人が増加することにより高齢化率は上昇を続ける。2036年には33.3%となり、3人に1人が高齢者となる。そうなると、病気とは言いがたい、人間の自然なプロセスである老いによ

る身体の不調を訴える人が増える。そして病院は、病気のと
きだけ収容される非日常の場ではなく、日常の延長線上に存
在する場になる。そのときに、医療に求められるのは、治療
という概念以上に看護という概念であろう。少し前まで看護
は「治療の補佐役」とされてきたが、これから求められる
のは、「患者がよりよいQOLを保てるように援助する役割」
としての看護だ。高齢者は「老い」からだんだんと生きる希
望をなくす。看護師は、「できるかぎり健康でありたい、そ
して有意義な人生を送りたい」という人間としての当たり前
の願望を高齢者から失わせないように、心と健康管理の両面
から積極的に手助けをするべきと考える。私も看護師になっ
たら、高齢者の方の元気が保てるように、一生懸命努力をし
たい。

まとめ ➡ 　貴学医学部看護学科は、老年看護学の講座が大変充実して
いる。その点で私の志望にかなっている。また、附属病院に
おける患者参加型の病室作りには大きな共感を覚えた。患者
本位の医療に対する考えが貴学全体に浸透しているものと思
い、ここで看護の学習をスタートさせたいと思った。
　　　以上が貴学を志望する理由である。

㊟QOL：Quality of Life（生活の質）のこと。

●● 質問シミュレーション ・・・・・・・・・・・・・・

ぐ 〉「あなたはおじいさまの最期に立ち会って何をしてあげましたか」

ぐ 〉「あなたはおじいさまを担当された看護師と何か話をしましたか」

り 〉「高齢者の心の支えになるには、話しかける以外に、どんなことで なし得ると思いますか」

ち 〉「QOLとはどんな意味か説明してください」

ち 〉「心と体ではどちらを優先すべきだと思いますか」

い 〉「将来、高齢者医療とは異なる科に配属になっても看護師を続けますか」

② 自己推薦書

　続いて、自己推薦書の書き方を示す。自己推薦書も、次の四部構成でまとめるとよい。

第一部　大学に知ってもらいたい自分のセールスポイント

　個性、人柄、能力、信条、価値観など、自分の内面上のセールスポイントを書く。1〜3行程度で簡潔にまとめる。

例 「私のセールスポイントは〜である。」
　　「〜というのが私の信条である。」

第二部　セールスポイントの裏付け

　第一部で示したセールスポイントを裏付けるエピソードを書く。高校生・浪人生はできるかぎり、高校時代の話がよい。

第三部　セールスポイントの将来的展望

　セールスポイントを大学生活、大学での学び、将来の夢に対してどう生かすかを書く。

　なお、出願書類の中に志望理由書がない場合には、ここで、「志望大学ならではの特徴」に触れ、志望大学は、自分のような特性を持つ人物が学ぶのに最もふさわしい大学であることを示す。

第四部　まとめ

　全体をまとめる。

自己推薦書の模範例

セールスポイント ➡ 　私の長所は物怖じしない性格である。

裏付け ➡ 　私は高校に入ってから剣道部に入部した。私が高校に入っ
た最初の夏は、大変暑く、35度を超える猛暑が連日のよう
に続いた。そんな中、夏休みの稽古中に、私と同級生であっ
た1年生5人が突然退部した。暑さで心身ともに参ってし
まったらしい。上級生は、「今年の1年生は根性がない」の
一言でこの問題を片付けようとしたが、私は暑さに耐えるこ
とよりも、暑さを避けての稽古のやり方を工夫すべきではな
いかと思い、そのことを上級生に進言した。彼らは最初は耳
を貸そうとしなかったが、だんだんに理解してくれるように
なった。最後には剣道部顧問に夏の稽古時間を夕方の時間帯
に変更する提案をいっしょにしてくれるまで合意がとれるよ
うになった。そしてその夏の後半から、剣道部の稽古は夕方
の時間帯に集中して行われるようになった。

　　この改革を境に、剣道部は短時間でいかに効果的な稽古を
するかを部員全員で話し合う機会が多くなった。部員一人一
人が稽古のやり方を考えるようになったことが功を奏したの
か、大会成績も前年度よりアップした。

　　私は、この経験を通して、物怖じせずに意見を言うことの
大切さを知った。問題があっても誰かが意見を発しなければ
解決には至らない。そして誰かが意見を述べることで、みん
なが解決に向けて知恵をしぼるようになる。メンバー一人一
人が自発的になることで集団の力は向上する。結束力も高ま
る。私は高校2年の夏から剣道部の主将を引き継いだが、部
員が稽古のやり方についてさらに意見を出しやすいように部

の運営を工夫した。

将来的展望 ➡　私は将来自ら起業したいと思っている。ビジネスをやって
　　　　　　いくうえでは、物怖じせずにどんどんアイデアを打ち出すこ
　　　　　　とが必要であろう。また、社員が萎縮せずに活発に意見を出
　　　　　　せる環境づくりも行わなくてはならない。物怖じしない性格
　　　　　　であり、「物怖じしないで意見を出すことの大切さ」を知っ
　　　　　　ている私は、まさに起業家向きであると考える。
　　　　　　　だが、ビジネスの場で意見を出すためには、経済の基礎を
　　　　　　しっかり理解していなければできない。責任ある意見を出せ
　　　　　　るように、まずは貴学で経済・経営の基礎をしっかり学びた
　　　　　　いと考える。

まとめ ➡　以上の理由から貴学経営学部に自らを推薦する。

●●質問シミュレーション ・・・・・・・・・・・・・・・・・

り〉「あなたの提案に耳を貸そうとしなかった上級生が、話を聞いてく
　　　れるようになったのはどうしてだと思いますか」

ぐ〉「あなたが主将になってから、部員が稽古のやり方について意見を
　　　出しやすくなるように、部の運営上どんな工夫をしたのですか」

ぐ〉「どのようなビジネスで起業したいと考えていますか」

ぐ〉「物怖じしない性格で損したことはありますか」

ぐ〉「主将として失敗したことはありますか」

3 活動報告書

　志望理由書、自己推薦書以外の出願書類についても説明しよう。活動報告書と調査書。この２つも面接官にとっては質問を考えるための貴重な"台本"だ。

　総合型選抜では、活動報告書を提出させる大学が多い。活動報告書に添える資料として、英語や国語の資格・検定試験の証明書類、段位等の証明書、免許状、賞状、活躍を紹介した新聞記事などのコピーを提出させる大学も結構ある。

　活動報告から面接官が言いそうな質問を導き出す場合には、**一番際立ったところに注目**する。部活動での受賞歴がたくさんある場合には１位のもの、あるいは最も規模の大きい大会のもの（県大会より全国大会、国内試合より国際試合など）に目をつけて、質問シミュレーションをする。

　次ページの活動報告書の例を参考に、どんな質問が導き出せるかを紹介しよう。

活動報告書		受験番号	0011123
		出願学部	国際学部

（フリガナ）　キリハラ　ハナコ
氏　名　桐原　花子

・活動記録：中学卒業後の取り組みと成果について記録してください。

西暦年	月	学年	年齢	活動内容	資料番号
2018	8	1	16	ボランティア活動として、地域清掃活動かに参加	
2019	8	2	17	オーストラリア・シドニーに短期留学（2週間）	
2019	9	2	17	生徒会執行部にて文化祭運営委員長を担当	
2020	1	2	17	ボランティア活動として、□□養護学校訪問	①

・学校その他の団体等における活動歴

期間（西暦）	学年	年齢	団体等組織の名称	役職	資料番号
2018年4月〜2020年8月	1	16	吹奏楽部	副部長	
2019年8月〜2020年2月	2	17	○○県管弦楽団	パートリーダー	②
年　月〜　年　月					

・各種競技・コンクール・展覧会・懸賞論文など参加歴

西暦年	月	年齢	競技・コンクール等名称	成績結果	資料番号
2019	6	17	○○県吹奏楽コンクール	金賞	③
2019	10	17	全日本吹奏楽コンクール	銀賞	④
2020	1	17	○○県高校生環境論文賞	優秀賞	⑤

・資格・検定・段位等の取得

西暦年	月	年齢	資格等の名称	成績結果	資料番号
2019	12	17	実用英語技能検定	2級	⑥

●● 質問シミュレーション ·•·•·•·•·•·•·•·•·•·

> 「全日本吹奏楽コンクールは、どのくらいの規模の大会ですか」
>
> ※吹奏楽について、まったく知らない人にも伝わるように、大会規模や、コンクールのルールを説明できるようにしよう。

> 「全日本吹奏楽コンクール銀賞とは、全国2位という意味ですか」

> 「あなたはどんな楽器を担当したのですか」

> 「全国大会出場、銀賞受賞という成績に対し、あなた自身はどのくらい貢献できたと思いますか」
>
> ※悔しい思い出や成績を分析して語り、今後の人生に生かしたいという内容で説明できれば好印象を得られる。二大メッセージと関連付けて話すこともできるかもしれない。

> 「吹奏楽部でつらかった思い出を1つお話しください」

4 調査書

　学校の成績、出欠状況、健康状況、課外活動記録、担任による人物評価を記載しているのが高校からの調査書だ。調査書も面接官にとっては貴重な"台本"だ。

　調査書は開封できないが、成績、出欠状況は、自分でわかっているはず。それを踏まえたうえで、どの点に注目するとよいかを覚えてほしい。

　成績では、際立って悪い科目、際立ってよい科目、志望学部と関連のありそうな科目については面接で指摘を受ける場合がある。悪い科目は今後の改善策を伝えよう。よい科目と志望学部関連の科目

は、どういった点が特に得意（または好き）なのかを考えておこう。また、特によい科目や、志望学部関連の科目は、基礎知識に対する口頭試問が行われる可能性があるので、そのつもりで準備をしておこう。

　出欠状況で聞かれるのは、欠席数についてだけだ。欠席日数が多い場合には、その欠席理由を説明できるようにしておこう。

　なお、担任の人物評価は、よいことは書いても悪いことは書かないから、面接準備の段階ではあまり気にしなくてよい。

●●質問シミュレーション ・・・・・・・・・・・・・

り〉「2年生のときに、欠席日数が7日ありますが、なぜ休んだのかを説明してください」

ぐ〉「美術の成績がとてもいいですね。普段から絵を描くなどの趣味があるのですか」
※成績や出席状況などの目立つ数字の意味をわかりやすく伝えられるようにしておこう。

い〉「数学の成績がよくないですね。看護師を目指すなら、数学の基礎知識もないとダメですよ。大丈夫ですか」
※悪い数字を指摘されたら、これからがんばるという努力目標を伝えよう。その際に「大学入学前に中学教科書から総復習」などと具体的な計画を伝えるのがコツ。ただ、その場かぎりのウソではバレてしまうので、本当にできることを伝えよう。

4 身の回りの「人・モノ」を 活用する

面接対策をするねらいは、言うまでもなく「入試の場でよい回答をするため」だ。そのために、4つのスイッチ、質問シミュレーション、台本づくりという面接対策を紹介してきた。この3つの対策のねらいは「よい回答づくり」と言える。

もちろん、これが一番大事なので、ここまでページを割いて説明したが、大学入試の面接で大学の先生に「よい回答を伝える」ためには、もう1つ取り組まなくてはいけない作業がある。それは「知識をつけること」だ。よい回答を考えたつもりでも、それが面接官に認められなければ意味がない。面接官は大学の先生だ。多少なりとも知的好奇心や社会への関心を示せないと好印象を得るのは難しい。つまり、普段からまったく勉強していない人が踏ん張ってよい回答をひねり出そうにも限界がある。

そんなわけで、面接回答づくりとあわせて、知識をつけておく必要がある。ただ、総合型・学校推薦型選抜の受験者には、おそらく

あまり時間がないだろう。知識をつけても、それを面接回答として発信できるレベルまで持っていかないと意味がない。そこで、面接回答用の即席知識仕入れ法を紹介しよう。

❶ 1人のメンターを持つ

　「メンター」とは、優れた指導者、助言者という意味だが、とにかくだれか1人、自分の面接対策を支えてくれる人を決める。そして、その人に面接に関する相談をなんでもして、助言を仰ぐ。もちろん模擬面接の面接官役もやってもらう。調べモノは受験生自身がやらなくてはならないが、どういう切り口で調べるとよいかなどの指示をもらう。

　メンターになってもらう人は、**親、兄弟、学校の先生、大学に通っている先輩**などから選ぶのがよいだろう。

　メンターが親だろうと兄弟だろうと、最初に決めておかねばならないことがある。それは相談時間だ。だらだら相談していても、時間を無駄に使うばかりだ。また、甘えたくもなる。相談する日と相談時間をあらかじめ決めておき、お互いに心の準備ができた状況で行うのがベストだ。

　言うまでもないが、結果が伴わなくても決してメンターを責めないことを、お願いする時点でキミから伝えておくほうがよい。

❷ クラスメイトに口頭試問対策を手伝ってもらう

　2021年度以降の総合型・学校推薦型選抜では、学力試験の一環として、教科の基礎知識に関する口頭試問が含まれる場合が増えてくる。自然科学系の学部であれば、数学、物理、化学、生物、地学に関して、社会科学系の学部であれば、地歴、公民に関しての質問が多いだろう。

　理工系の場合には、数学、物理、化学に関する質問、社会科学系の場合には、歴史、公民に関するもの、語学系および国際系の学部

では、英語による受け答えが口頭試問で行われる場合も多いだろう。

受験大学で口頭試問を受ける可能性が高い科目を得意とするクラスメイトがいたら、休み時間などをうまく利用して、協力を仰ごう。質問を出してもらってもよいし、わかりづらい内容について、説明をしてもらうのもよいだろう。そして、回答を自分で言い直し、ＯＫをもらえるまで指示を仰ぐ。知恵袋をつかまえて、知識のインプットとアウトプットを同時に片づけてしまおう。

もちろん、自分の試験が終了して、協力してくれたクラスメイトが一般入試を目指しているようなら、今度はキミが、できるかぎりの協力をすることも忘れてはいけない。

❸ 理科・社会の先生に質問する

理科・社会の先生も、口頭試問対策におすすめしたい人たちだ。先生の場合には、友だちのように休み時間にちょくちょく聞くのが難しい面もある。ただ、身近にいる専門家だ。ぜひとも援護していただこう。そこでおすすめなのが、「得意ネタづくり」だ。特に興味あるテーマなどを定めて、詳しく聞くようにする。教科書や参考書を読んで、なんとなく興味はあるけれどよくわからないというところを質問して、マンツーマンのレクチャーを受けるのだ。

理科や社会の先生にお願いするときには、前もって「予約」を入れておこう。授業が終わった後に、「〜について聞きたいので、今日か明日の放課後教えてください」と言っておく。

そうすると先生も軽く準備して教えてくれるだろうから、まとまりがあって有益な話を聞けることになる。それを聞いたら、その日のうちにでも、メンターに得意ネタとして話してみる。発表をすることで、聞き取った知識はしっかり頭に刻まれるだろう。そうす

れば、得意ネタの知識は出来上がりだ。

 4 小論文の模範解答を読む

　小論文の参考書に載っている模範解答例を読む。模範解答には、社会を理解するための大事な知識が凝縮されて書かれているので、これを読み込み、覚えていけば知識が増える。本書と同じ「まるまる使える」シリーズに小論文参考書がたくさん出ているので、どれでも１冊手に入れて読んでみるとよい。

　面接回答用の知識が増えるだけでなく、論理的な話の組み立て方も身につく。言うまでもなく、小論文の勉強にもなる。

　以上が、入試面接を成功に導くテクニックだ。

　では、続けて３章、４章を読みながら、主要な質問に対して、自分の志望校を想定した面接回答を考えていこう。

　自分の回答を書きとめたら、各質問とともに紹介した回答例を読んでほしい。例には４つのスイッチで回答ポイントも紹介している。よい回答を考えるコツをつかんでほしい。また、回答例に対する質問シミュレーションの例も紹介している。有効な質問の導き出し方を学び、さらに回答内容を深めてほしい。

第3章

志望理由・セールスポイント合格回答集

1 二大メッセージを制する者は入試面接を制す

2 「志望理由」合格回答集

3 「セールスポイント」合格回答集

1 二大メッセージを制する者は入試面接を制す

大学入試面接で絶対に伝えなくてはならないメッセージが2つある。

1つは、志望理由。これをいかに伝えるかが、面接成功の最大のカギだ。実際の面接では、「本学を志望した理由は何ですか」「志望動機を説明してください」などの質問に対する回答となる。

もう1つは、個性、人柄、能力、価値観など、自分の内面的なセールスポイントだ。実際の面接では、「あなたの長所は」「あなたの自慢できる点は何ですか」などの質問に対する回答となる。

志望理由とセールスポイントに関する質問の回答は、最初に準備しよう。そして十分に練った回答を用意しよう。

なぜ最初に用意し、十分に練っておく必要があるかと言えば、もちろん、最もよく聞かれる質問だからだが、理由はそれだけではない。二大メッセージを考えることで、そのほかの多くの質問回答ネタを生み出すことができるからだ。

志望理由を考える作業には、高校生活の思い出や影響を受けた本を考える作業も含まれる場合が多い。となると、「高校時代の一番の思い出は」「愛読書は」などという質問の回答はもう考える必要がなくなる。

また、セールスポイントを考える作業には、そのセールスポイントを裏付けるエピソードを考える作業も含まれている。となると、それは高校生活に関する質問や友人関係についての質問の回答準備にもなっている。

　このように、二大メッセージを面接準備の柱にすることで、そのほかのさまざまな質問の備えにもなる。二大メッセージを最初に、念入りに用意することで、合理的に、しかも充実したかたちで、面接回答準備を進められるのだ。

　では、志望理由、セールスポイントの順番で回答を考えてみよう。

「志望理由」合格回答集

回答集を読む前に、まずは自分の回答を考えてみよう。

▶ ❻ 「本学を志望する理由は何ですか」

回答欄

▶「志望理由」合格回答集の使い方

　自分の回答を書きとめたら、この説明に続く、回答集を読もう。それぞれ回答例には、4つのスイッチごとの解説「合格回答ナビ」を紹介している。ポイントを読みながら、よい回答を考えるコツをつかんでほしい。

　また、回答例に対する質問シミュレーション例も紹介している。4つの質問のコツに沿って、2つ以上の質問を載せている。それらを参考に、質問の導き出し方を学ぼう。

　志望理由の回答集では、将来の夢と志望学部を組み合わせて10タイプを紹介している。まずは自分の志望理由と近いタイプの回答に目を通してほしい。次に、その選んだタイプの前後を読み、さらに続けて、その前後を読むというかたちで読み進めていくと、コツをつかみやすい。自分に最も近いタイプだけを参考にするよりも、学習効果は倍増する。

　また、回答は節目ごとに段落分けをしている。この節目を意識すると、回答の要領がつかみやすいだろう。せっかちな面接官は、長めの回答をしている途中で質問をはさむ場合がある。そんな場合に、回答に節目があると、面接官も口をはさみやすい。段落替えは、そのような面接官への配慮も考えて行っていることを理解してほしい。

　なお、難関総合型選抜入試志望者、研究者・リーダー養成型大学志望者、地元貢献型大学志望者に特に念入りに読んでほしい回答例には、それぞれ 難関総合 、 研究リーダー 、 地元貢献 のマークを付けている（詳しくは20ページからの「コラム」参照）。参考にしてほしい。

　回答集を読みおわったら、巻末に回答を再検討するための欄を設けているので、自分の回答を練り直してみよう。

合格回答例 ① 【志望理由】

弁護士になりたい
【法学部】

難関総合　地元貢献

●••••➤ 「本学を志望した理由は何ですか」

●••••➤ 「私は将来弁護士になりたいからです。

　　弁護士になって、弱い立場の人の権利や主張を守り、社会の健全化に一役買いたいと思います。

　　他の大学ではなく特に○○大学を志望した理由は、市民生活紛争や人権に関わる科目が多く用意されているため、私の目指す弁護士像に近づくうえで最適の環境と判断したためです」

合格回答ナビ

は 恥ずかしがらずに　　**に** 二大メッセージが引き立つように
わ わかりやすく　　　　**こ** 好印象を与えるように

は　弁護士になるのは無理かもしれないという弱気や、弁護士か地方公務員かのどちらかになりたいなどという迷いを示してはいけない。弁護士になることを夢見て法学部への進学を考えるのなら、そのことをストレートに伝える。

に　これは二大メッセージの１つ、志望理由そのものを聞かれているので、それをずばり伝える。

わ　どんな弁護士を目指すのかを具体的に伝えると、志望理由がより

62

わかりやすくなる。どのような信条を持って弁護士になりたいのか、どんな問題の解決を図りたいのか、生涯を通じて実現したいテーマなどを語るとよい。あれもこれも言わないこと。1つにしぼろう。例では「弱い立場の人…一役買いたい」という部分がそれにあたる。

こ　他大学ではなくその大学を選んだ理由を添える。その大学に対するこだわりを示せば好印象を得られる。志望理由を実現するのに都合のよい学びの内容や環境を挙げるとよいだろう。例のように科目以外には、教員、ゼミ、法科大学院の存在、司法試験合格者数、インターンシップの充実度、OBの支援体制などをからませるとよい。

●● 質問シミュレーション

[**ぐ** 具体的な内容を聞く　**り** 理由を聞く　**い** 意思を確かめる　**ち** 知識を問う]

ぐ「弱い立場の人の権利や主張を守ると言いましたが、弱い立場の人とは、具体的にどんな人たちのことを指しますか」

ち「弱い立場、強い立場に関係なく、人々に平等に与えられている権利は何だと思いますか」

ぐ「あなたが、弱い立場の人の権利や主張を守る弁護士になりたいと思うに至ったきっかけは何ですか」

い「弁護士以外にあなたの考えを実現できる仕事はありませんか」
※「別に弁護士でなくても、その夢を叶えられるのではないですか」といった、いじわるな質問を受ける可能性もある。「やはり弁護士でなくては」というこだわりを示せるようにしておこう。ほかの仕事、例えば公務員などと比較しながら、弁護士の仕事を考えてみるのもよい。

合格回答例 2 【志望理由】

警察官になりたい
【法学部】

地元貢献

・・・● 「本学を志望した理由をお話しください」

・・・● 「はい、大学を卒業したら子どもの頃からのあこがれであった
警察官になりたいと思います。

　警察官になる夢を実現するには、法学部で、法律学、政治学、
行政学の基礎を学び、市民社会のルールを身につけることが重要
と考えたからです。

　特に○○大学を志望した理由は、公務員試験対策講座が充実し
ており、卒業生の警察官採用者数も他大学より多かったため、進
学するのはこの大学しかないと確信したからです」

合格回答ナビ

は 恥ずかしがらずに 　**に** 二大メッセージが引き立つように
わ わかりやすく 　**こ** 好印象を与えるように

は　恥ずかしがらずに、将来の志望を伝えよう。特に警察官、消防官、
自衛官など公安系の公務員に将来なりたい人は、びしっとした姿勢
を示しておかないと、面接官に「将来の夢の実現は怪しいぞ」と思
われてしまう。「子どもの頃からのあこがれ」を隠す必要はない。
ただ、「なぜあこがれたのか」は、その後に質問されると覚悟して
おいたほうがよい。

に 　これは二大メッセージの1つ、志望理由そのものを聞かれているので、それをずばり伝える。ただし前出の弁護士と法学の関係のように、「警察官志望＝法学部進学」とは連想できない。警察官志望者が法学部で学ぶ必要性をプラスして、両者の橋渡しをすることが重要だ。例では、「警察官になる夢を実現するには…重要と考えたからです」という部分がそれにあたる。

わ 　法学部で具体的に何を学ぶことが警察官になるための備えになるのかを語る。あこがれだけではなくしっかり下調べしている姿勢をアピールする意味もある。ただし、あれもこれも言わない。例では、二大メッセージのところと同様に、「警察官になる夢を実現するには…重要と考えたからです」という部分がそれにあたる。

こ 　他大学ではなくその大学を選んだ理由を添える。その大学に対するこだわりを示せば好印象を得られる。例のように、就職状況、公務員試験対策講座の充実度や、就職課の公務員志望者へのフォローシステムなどを挙げられるとベストだろう。

●● 質問シミュレーション

[**ぐ**〉具体的な内容を聞く　**り**〉理由を聞く　**い**〉意思を確かめる　**ち**〉知識を問う]

ぐ〉「警察官にあこがれるようになったきっかけは何ですか」

ぐ〉「警察官になって、どのような仕事をしたいと思いますか」

り〉「市民社会のルールを身につけていない人が警察官になると、どういう問題が起こると思いますか」

い〉「警察官の世界って厳しいよ。大丈夫？」

第3章

合格回答例 ③ 【志望理由】

教師になりたい
【教育大学初等教育教員養成課程国語コース】

地元貢献

- ● 「本学志望の理由を述べてください」

- ● 「はい、私は将来、地元○○県で暮らす児童の学力向上と心の育成に貢献したいと思い、○○大学を志望しました。

  国語コースの専攻を希望した理由は、国語はすべての教科の基本であり、また人と人とを結びつけるコミュニケーションの土台になると考えたからです」

合格回答ナビ

- は 恥ずかしがらずに
- わ わかりやすく
- に 二大メッセージが引き立つように
- こ 好印象を与えるように

は 恥ずかしがらずに、はっきりと志望理由を伝えよう。コミュニケーションの重要性を説きながら、自分がモジモジしているようではダメだ。

に これは二大メッセージの1つ、志望理由そのものを聞かれているので、それをずばり伝える。ただ、志望校が「教育大学初等教育教員養成課程国語コース」と将来目指す職業が決まっているので、単に「小学校教員になりたいから」だけではダメだ。小学校教員になり、何を実現したいのかを語る。例では「地元○○県で暮らす児童の学力向上と心の育成に貢献したい」という部分がそれにあたる。

わ 　小学校教員は全教科の指導力を身につけるが、特定科目のコース（系・選修）などに属することになる。なぜそこへの所属を希望するのかを具体的に伝える必要がある。例では、学力向上と心の育成を目標と語ったうえで、その両方に国語が役立つと述べているので、つじつまが合っていて説得力がある。

こ 　各都道府県の教員養成大学は、地域への貢献を願っている。そのことを伝えられると強い。ついでに言うと、他地域からの受験生は、自分の地元に戻らずに、大学のある地域で教員になる意思があるかどうかは尋ねられると思ったほうがよい。卒業後、本当にどうするかは別にして「意思がある」と伝えたほうがよい場合が多い。

第3章

●● 質問シミュレーション ·····

[**ぐ**〉具体的な内容を聞く　**り**〉理由を聞く　**い**〉意思を確かめる　**ち**〉知識を問う]

り〉「国語がすべての教科の基本と考える理由は何ですか」

り〉「国語の学習が、なぜ、人と人とを結びつけるコミュニケーションの土台になると考えますか」

い〉「大学を卒業したら、ご自分の出身地の小学校に就職したいと思いますか」

ち〉「短歌、俳句、漢詩のどれでもよいので、好きなものを１つ挙げてください」

ち〉「好きな文学作品を１つ挙げてください」

医師になりたい
【医学部】

難関
総合 ／ 地元
貢献

••••➤ 「本学を志望した理由をお話しください」

••••➤ 「開業医である父の影響で、私も医師になりたいと思ったからです。

父は診療の際、患者と笑顔で接することをとても大切にしてきました。医師の笑顔が患者を笑顔にし、そして患者の体全体によい影響を及ぼすと教えられました。私も父のように笑顔で患者の健康を促進できる医師を目指したいと思います。

○○大学を特に希望する理由は、脳科学研究教育センターを備えているため、笑顔が脳に与える影響をさまざまな方向性から学べるのではないかと思ったためです」

合格回答ナビ

は 恥ずかしがらずに   **に** 二大メッセージが引き立つように
わ わかりやすく   **こ** 好印象を与えるように

は 恥ずかしがらずに、はっきりと志望理由を伝えよう。医学部は狭き門には違いないが、だからと言って「無理かもしれませんが…」などと前置きをしてはいけない。説得力がなくなる。

に これは二大メッセージの１つ、志望理由そのものを聞かれているので、それをずばり伝える。親が医師であることを隠す必要はない。

ただ、親が医師だからという理由だけでは弱い。医師として働く親のどういう点に影響を受けたのか、そこまで伝えるとよい。例の二段落目を参考にしてほしい。

わ 　わかりやすく、医学知識のない患者さんに伝えるつもりで説明しよう。にわか仕込みの医学用語を盛り込もうとしてはいけない。途端に突っ込まれ、窮地に追い込まれてしまう。

こ 　なぜ他大学の医学部ではなくその大学なのかを伝えられるとよい。例のように、志望理由とつじつまが合っていると一層よい。くれぐれも人道に反するようなことを言わないように気をつけよう。医学部の面接は道徳観を見る試験でもある。

第3章

●● 質問シミュレーション ・・・・・・・・・・・・・・・・・・・

[**ぐ**▶具体的な内容を聞く　**り**▶理由を聞く　**い**▶意思を確かめる　**ち**▶知識を問う]

い▶「お父様の医院をあなたが継ぐのですか」
※正直に答えればよい。

ち▶「笑顔がなぜ人の体によい影響を与えるか説明できますか」
※血圧、心臓、脳細胞などの言葉を使って、多少専門的な説明をする必要がある。無理ならば、「申し訳ございません。勉強不足でわかりません」と伝えても、この場合は高校で習う基礎知識ではないからマイナスにはならないだろう。

い▶「大学を卒業したら、地域の医療に貢献できますか」
※他の地域からの受験生は、大学のある地域で医師になる意思があるか尋ねられると思ったほうがよい。本当にどうするかは別にして、「意思がある」と伝えたほうが無難だろう。

助産師になりたい
【看護学部】

地元
貢献

- ●●● ● 「本学志望の理由をお聞かせください」
- ●●● ● 「私の将来の夢は助産師として、多くの方々とお子さん誕生の喜びをともに分かち合うことです。

　その夢を叶えるためには、助産師教育課程を新設された○○看護大学が最も適した学習環境と思い、志望いたしました。

　取材をした助産師の方が『みなさんにありがとうと言われるのが、なんといってもこの仕事のすばらしさ』とおっしゃっていました。私も多くの方々に感謝していただけるように、○○大学で一生懸命に勉強したいと思います」

合格回答ナビ　　は 恥ずかしがらずに　　に 二大メッセージが引き立つように
　　　　　　　　　わ わかりやすく　　　く 好印象を与えるように

は　恥ずかしがらずに、はっきりと志望理由を伝えよう。いくつかの看護学科では、看護師、保健師、助産師と３つの国家資格がとれる。保健師、助産師は看護師より狭き門。だからと言って、「助産師がダメだったら看護師」などと自信のないことを言ってはいけない。

に　これは二大メッセージの１つ、志望理由そのものを聞かれている

ので、それをずばり伝える。

わ 単に「助産師になりたい」だけでなく、その理由を添える。難しい言葉を使うよりも、なるべくわかりやすい言葉で説明しよう。なぜその大学なのかも具体的に触れる。例では、「助産師教育課程」というカリキュラムの特色を具体的に出しているのがよい。

こ 助産師教育課程があるような看護大学には、助産師を目指す人もそれなりに集まるだろう。そして志望理由は、みんな似たり寄ったりになる可能性もある。そんなときに、面接官から「もうひと言ほしい」というシグナルを送られることがある。そんなときには、がんばって何か言うほうがよい。例のような「助産師への取材」は、志望が本気であることをアピールする絶好の材料だ。好印象を得られるだろう。

第3章

●● 質問シミュレーション ▪▪▪▪▪▪▪▪▪▪▪▪▪▪▪▪▪▪▪▪

[**ぐ**〉具体的な内容を聞く **り**〉理由を聞く **い**〉意思を確かめる **ち**〉知識を問う]

ぐ〉「助産師を目指そうと思ったきっかけは何ですか」

ぐ〉「取材した助産師からは、そのほかどんなお話を聞きましたか」
※「助産師への取材」をしたと聞けば、当然面接官はそこを詳しく聞いてくるだろう。重点的に質問シミュレーションをしておくとよい。

い〉「助産師は看護師資格を取ったうえでないと取れないので、勉強はたいへんですよ。大丈夫ですか」

合格回答例 6 【志望理由】

キャビンアテンダント になりたい
【国際学部】

⬤••••• 「本学を志望した理由は何ですか」

⬤••••• 「私は子どもの頃から将来はキャビンアテンダントになりたい
という夢を持っていました。それが、毎年キャビンアテンダント
内定者を多く輩出している○○大学国際学部を志望する最大の理
由です。

　選択コースでは言語コースを志望しています。○○大学の徹底
した語学教育で英語、スペイン語の習熟に努め、将来海外のお客
様をもてなすときも、なんでも安心してお任せいただける語学力
を身につけたいと思います」

合格回答ナビ

は 恥ずかしがらずに　　**に** 二大メッセージが引き立つように
わ わかりやすく　　　　**こ** 好印象を与えるように

は　恥ずかしがらずに、はっきりと将来の夢を伝えよう。

に　これは二大メッセージの1つ、志望理由そのものを聞かれている
ので、それをずばり伝える。就職支援を"売り"にしている大学に対
しては、就職の夢を志望理由のメインに据えてもかまわない。難関
といわれる職種に多くの内定者を出している実績は、大学としても
誇るべきことだからだ。

わ 　具体的な理由を挙げる。例では、キャビンアテンダントを目指す理由として「子どもの頃からの夢」、志望大学を目指す理由としては「内定者が多い」ことを挙げている。

こ 　メインの理由は就職でもよい。もうひと言添えるならば、大学での学びに関する話題がよいだろう。それがメインの志望理由とうまくつながっているのが理想だ。例では、語学でがんばり、将来の接客業務に役立てたいとまとめている。コミュニケーション力、ホスピタリティ精神というキャビンアテンダントに求められる特性もうまくアピールできている。

●● 質問シミュレーション

[**ぐ** 具体的な内容を聞く　**り** 理由を聞く　**い** 意思を確かめる　**ち** 知識を問う]

ぐ 「子どもの頃のキャビンアテンダントとのふれあいで、印象に残っていることがありましたらお話しください」

い 「航空業界は今とても厳しいので、もし入れても苦労すると思うけれど大丈夫？」

い 「国内の航空会社でキャビンアテンダントになるチャンスがなかった場合には、海外の航空会社にも挑戦しますか」
　※どのくらい強く志を持っているかを確かめる質問。ただ国内企業に強いあこがれがあるのなら、それを素直に伝えてよい。「国内航空会社に就職できなかった場合の対応は、大学のキャリアサポートの方々や両親と相談して決めたい」と今後の課題としておくのが無難だろう。「ダメだった場合には銀行員」などと言い出すと主張がぶれることになる。

合格回答例 ⑦ 志望理由

アナウンサーに なりたい
【文学部新聞学科】

•••••● 「本学を志望した理由をお聞かせください」

•••••● 「私はアナウンサーを目指しています。そのためには、○○大学文学部新聞学科でマスメディア全般に対する理解を深め、メディア・リテラシーを身につけることが不可欠と考えました。

　　オープンキャンパスに参加した際、新聞学科の卒業生で現役アナウンサーの××さんが、『大学時代は一日も欠かさず新聞に目を通し、1つ1つの記事がどう関連しているかを考えながら読むことを心がけた』とお話しされていました。その日から私も『考えて新聞を読むこと』に取り組んでいます。××さんを目標に、入学後も大学での学びとあわせて『考えて新聞を読むこと』を継続し、メディア・リテラシーを高める努力を続けたいと思います」

合格回答ナビ

は 恥ずかしがらずに　　**に** 二大メッセージが引き立つように
わ わかりやすく　　**こ** 好印象を与えるように

は 　アナウンサーは超難関の狭き門。だが、恥ずかしがらずに、はっきりと将来の夢を伝えよう。

に 　これは二大メッセージの1つ、志望理由そのものを聞かれている

ので、それをずばり伝える。しかし、学部・学科で学ぶことと将来の目標が、マスメディアという点で共通項はあるが、一致するわけではないので、両者を橋渡しする言葉が必要。例では、アナウンサーになるためには「○○大学文学部新聞学科でマスメディア全般に対する理解を深め、メディア・リテラシーを身につけることが不可欠」と語っている。

わ 具体的に説明する。「マスメディア全般に対する理解を深め、メディア・リテラシーを身につけることが不可欠」という回答は、やや教科書的ではあるが、志望学科で何を学ぶかをしっかり理解できているのでよいだろう。

こ 志望理由のプラスアルファとして、夢を叶えるために現在努力していることと、大学でしっかり学ぶ決意を添える。例では、それをオープンキャンパスに足を運んだ事実と卒業生の言葉に対する敬意で表している。これはかなり好印象を得ることができるだろう。

第3章

●● 質問シミュレーション

[**ぐ** 具体的な内容を聞く **り** 理由を聞く **い** 意思を確かめる **ち** 知識を問う]

ぐ「マスメディア全般に対する理解を深めるという意味を、もう少し具体的に説明してもらえますか」

ち「メディア・リテラシーという言葉を説明してください」
※カタカナ語を使う際は意味を説明できるようにしておこう。

ち「昨日読んだ新聞ではどんな記事がありましたか。また、それらからどんなことを考えましたか」

商品開発をしたい
【経済経営学部】

----● 「本学を志望した理由は何ですか」

----● 「私の将来の夢は食品メーカーに勤めて、ヒット商品を生み出すことです。この夢を実現するには、マーケティング論をはじめ、経済学、経営学の基礎を学ぶ必要があると思い、○○大学経済経営学部を志望しました。

数ある経済・経営系の大学の中から特に○○大学を志望したのは、必修科目であるマーケティング論が、実際の企業のマーケティング事例を取り上げて行う実践的な内容であるとオープンキャンパスで伺い、私の夢実現に向けてとても有益な授業を受けられると感じたからです」

合格回答ナビ

は 恥ずかしがらずに   **に** 二大メッセージが引き立つように

わ わかりやすく   **こ** 好印象を与えるように

は 　将来の夢として、なりたい職業でなく、やりたいことを伝える場合、浅はかな考えと冷笑される恐怖を感じて、発表を恥ずかしがる人がいるが、それではダメだ。決めたからには勇気を持って堂々と伝えよう。

に 二大メッセージの1つ、志望理由そのものを聞かれているので、それをずばり伝える。しかし、将来社会人になって実現したい内容を伝える場合には、そのために、大学でどのような学びが必要かを答える必要がある。

わ 具体的に説明する。具体的にどんなメーカーに勤め、どんな仕事をしたいのかを説明し、そのために、大学で何を学ぶ必要があるのかを答える。ただ、細かくなりすぎると話が止まらなくなるので、そうならないように気をつける。例では、食品メーカーでヒット商品を生み出す仕事をしたいと説明し、そのためにマーケティング論などを学ぶ必要があると、わかりやすく伝えている。

こ 自分の将来の夢を実現するうえで、大学にとても有益な授業があることを加えて伝える。例では、それをオープンキャンパスで取材したと伝えており、志望理由の説得力に加え、やる気もアピールできている。かなりの好印象を得ることができるだろう。

●● 質問シミュレーション

[**ぐ** 具体的な内容を聞く　**り** 理由を聞く　**い** 意思を確かめる　**ち** 知識を問う]

ぐ 「どんなメーカーに勤めて、どんな商品を開発したいか、さらに具体的に説明してもらえますか」

り 「ヒット商品を生み出すために、なぜマーケティングが必要だと考えますか」

研究をしたい
【応用生物科学部】

難関
総合

研究
リーダー

●••••● 「本学を志望した理由は何ですか」

●••••● 「はい、○○大学の生物環境科学研究室に入室し、人と自然の
共生を担うための研究をしたいと思ったことです。

　私は高校でゴミのリサイクル活動の授業を受け、環境問題に興
味を持ちました。大学に入ったら、地球環境の改善に役立つ研究
をしたいと思い、たくさんの大学の資料を調べているうちに、○
○大学ホームページで生物環境科学研究室の学生紹介の記事が目
にとまりました。その中に、学生さんが廃棄物を原料とした環境
にやさしいペットボトルの開発を行っている記事を発見したので
す。私はそれを見て、この大学なら大好きな生物の実験に取り組
みながら、環境問題に役立つ研究ができると思いました。以上が
○○大学志望の理由です」

合格回答ナビ

は 恥ずかしがらずに　　**に** 二大メッセージが引き立つように
わ わかりやすく　　　　**こ** 好印象を与えるように

は　大学で研究したいテーマを志望とする場合に、浅はかな考えと冷
笑される恐怖を感じて、発表を恥ずかしがる人がいるが、それでは
ダメだ。決めたからには勇気を持って伝えよう。

に 二大メッセージの1つ、志望理由そのものを聞かれているので、それをずばり伝える。

わ 具体的にどんな研究をしたいのかを説明する。例のようにコンパクトにまとめられれば、その研究内容を思いついたきっかけも加えられるとよいだろう。

こ 自分と同じような研究テーマを持って学んでいる学生がいることを伝えられると、志望大学を理想の学びの場としてアピールできるだろう。例では、ホームページで在学生が自分と同じようなテーマを持って研究している記事を見つけたことを語り、「その大学ならではの魅力」をうまく伝えている。

第3章

●● 質問シミュレーション

[**ぐ**▶具体的な内容を聞く **り**▶理由を聞く **い**▶意思を確かめる **ち**▶知識を問う]

ぐ▶「ゴミのリサイクル活動の授業では、具体的にどんな内容が印象に残っていますか」

り▶「地球環境の改善を図るために、応用生物科学はどのように役立てられると思いますか」

い▶「就職しないで、研究を続けたいと思っていますか」
※これは今の思いを素直に答えればよい。研究内容を志望理由とした場合には、研究、就職のどちらの回答でも問題ない。

い▶「実験はチームワークが重要ですが、独りよがりにならずに、共同作業を進めていく自信はありますか」
※共同研究でチームワークがとれる人物かどうかを確認する質問を受ける可能性は高い。「大丈夫」と迷わず伝えよう。

研究をしたい
【総合政策学部】

難関総合　研究リーダー

- 「本学を志望した理由をお聞かせください」
- 「私は、『企業ブランドにおける正義感の重要性』について研究したいと考えています。それが○○大学総合政策学部を志望する理由です。

　私は新聞紙上に出る企業のお詫び広告に、神経質なまでの正義感のアピールを感じています。企業にとって、正義感のアピールはどれほど価値のあることなのか、この疑問を解消したいという思いが、先に挙げたテーマを研究したいと思ったきっかけです。

　○○大学総合政策学部を志望した理由は、幅広い分野を横断的に学べる点に魅力を感じたからです。私は自分の研究テーマを、経営学的視点とともに、海外との比較という文化的視点からも考察したいと思っています。総合政策学部では、多数の経済学の科目に加え、比較文化論についても学べるので、私にとって最適の学習環境と判断しました」

合格回答ナビ

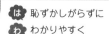 恥ずかしがらずに　　 二大メッセージが引き立つように
わ わかりやすく　　こ 好印象を与えるように

　　難関総合型選抜クラスで志望理由として語る「学びたいこと」は

間違いなく、かなりの質問攻めにあうと予測される。腹を決めて、物怖じせずに伝えよう。

に 二大メッセージの1つ、志望理由そのものを聞かれているので、それをずばり伝える。ただ、独自の研究テーマを伝える場合には、説明不十分では伝わらないし、だらだらと長いのもよくない。例のように、研究したいテーマ→それを思いついたきっかけ→志望大学ならではの理由の順に、コンパクトにまとめるとよいだろう。

わ テーマが抽象的な場合には、それはどういう意味なのかを具体的に解き明かそう。例では、「新聞紙上に…」以降の内容のことだ。

こ 志望大学ならではの理由は、研究テーマを学ぶのに役立つ科目、専門テーマを扱う教授、研究施設など、学びに関連する内容にするほうがよい。例では、研究テーマをどういう切り口で研究したいのかも盛り込んでアピールできている。

●● 質問シミュレーション ・・・・・・・・・・・・・・・・・・・・・・・

[**ぐ**〉具体的な内容を聞く **り**〉理由を聞く **い**〉意思を確かめる **ち**〉知識を問う]

ぐ〉「最近では、どんなお詫び広告を見ましたか」

ぐ〉「あなたが神経質なまでの正義感と感じないお詫び広告というのはどういうものですか。また、それを見たことがありますか」

り〉「なぜ企業は正義感をアピールしようとするのか、あなた自身が現時点で考えていることをお話しください」

り〉「研究するうえで企業の取材が難しいのではないでしょうか」

3 「セールスポイント」合格回答集

回答集を読む前に、まずは自分の回答を考えてみよう。

▶ **Q** 「あなたの長所を教えてください」

回答欄

▶「セールスポイント」合格回答集の使い方

　自分の回答を書きとめたら、「志望理由」と同様に、回答集を読んでほしい。

　それぞれの回答例には４つのスイッチごとの解説「合格回答ナビ」を紹介している。

　ポイントを読みながら、よい回答を考えるコツをつかんでほしい。

　また、回答例に対する質問シミュレーション例も、４つの質問のコツに沿って紹介している。質問の導き出し方を学び、回答内容の深め方もあわせてつかんでほしい。

　セールスポイントの回答集は、大学に好まれる５つのタイプに分けて紹介している。まずは自分に最も近いタイプの回答に目を通してほしい。次に、選んだタイプの前後を読み、さらに続けて、その前後を読むというかたちで読み進めていくと、コツをつかみやすいだろう。自分に最も近いタイプだけを参考にするよりも、学習効果は倍増する。より充実した回答を用意できるだろう。

　また、回答は節目ごとに段落分けをしている。この節目を意識すると、回答の要領がつかみやすいだろう。せっかちな面接官は、長めの回答をしている途中で質問をはさむ場合がある。そんな場合に、回答に節目があると、面接官も口をはさみやすい。段落替えは、そのような面接官への配慮も考えて行っていることを理解してほしい。

　回答集を読みおわったら、自分の回答を練り直してみよう。巻末に回答を再検討するための欄を設けている。

合格回答例 ① セールスポイント

行動力がある

●┅┅ 「あなたの長所を教えてください」

●┅┅ 「私の長所は行動力があることです。

　私は高校2年生になってから演劇部に入部しましたが、いきなり秋の公演の演出を任されることになりました。引き受けた以上はしっかりやりたいという思いが強かったので、プロ劇団の演出ワークショップに参加し、急ピッチでノウハウを身につけました。そして、なんとか秋公演の演出をやり遂げることができました。

　暗中模索でも、行動しながら考えることで道は開けると、私はこの体験を通して学びました。

　大学生活も社会人になってからも、持ち前の行動力で何事にも積極的にチャレンジしたいと思います」

合格回答ナビ

は 恥ずかしがらずに　　**に** 二大メッセージが引き立つように
わ わかりやすく　　**こ** 好印象を与えるように

は 恥ずかしがらずに、ずばりセールスポイントを伝えよう。

に これは二大メッセージの1つをそのまま聞いているので、そのも

のずばりをストレートに伝える。

わ　セールスポイントは1つにしぼる。あれこれたくさん挙げてはいけない。また、そのセールスポイントを裏付ける具体的なエピソードを添える。例では「引き受けた以上は…ノウハウを身につけました」という部分がそれにあたる。

こ　もう一歩踏み込んで、セールスポイントを将来にどう生かすのかを伝える。また、例では、エピソードの終わりに、そのセールスポイントを生かして得た信条を示し、さらにそれを将来どう生かすかまでを言っている。うまいアピールの仕方だ。

第3章

●● 質問シミュレーション ▪▪▪▪▪▪▪▪▪▪▪▪▪▪▪▪▪▪▪

[　**ぐ**〉具体的な内容を聞く　**り**〉理由を聞く　**い**〉意思を確かめる　**ち**〉知識を問う　]

ぐ〉「プロ劇団の演出ワークショップでは、具体的にどんなことを習いましたか」

ぐ〉「どんなお芝居を演出したのですか」

り〉「あなたのその行動力は大学生活でどう生かしたいですか」

り〉「あなたは将来の夢に向かって、その行動力をどう生かしますか」
　※二大メッセージのもう1つである志望理由と、うまく話をつなげるとよい。例えば、アピールしたセールスポイントが将来夢を実現するのに都合がよいことや、適性を示していることを伝えられるとよい。

合格回答例2　セールスポイント

だれとでもすぐに
仲よくなれる

●━━━●「あなたの長所は何ですか」

●━━━●「私の長所は、だれとでもすぐに仲よくなれるところです。

　私は人と話すときに心がけていることが3つあります。『笑顔を絶やさないこと』『はっきりと話すこと』『相手の話に興味を持つこと』です。この3つの心がけが、私がだれとでも仲よくなれる秘訣です。

　アメリカに短期留学した際も、現地の学生や他府県の留学生ともすぐに仲よくなることができました。

　大学でも、社会に出てからも、私は、この3つの心がけを持って人と接し、たくさんの友人を作りたいと思います」

合格回答ナビ

は 恥ずかしがらずに　　**に** 二大メッセージが引き立つように

わ わかりやすく　　**こ** 好印象を与えるように

は　恥ずかしがらずに、ずばりセールスポイントを伝えよう。

に　これは二大メッセージの1つをそのまま聞いているので、そのものずばりをストレートに伝える。

86

わ 　セールスポイントは１つにしぼる。あれこれたくさん挙げてはいけない。また、そのセールスポイントを裏付ける具体的なエピソードを添える。例では、アメリカに短期留学したというエピソードを紹介し、その際にも友人をたくさん作ったことを述べており、説得力がある。

こ 　もう一歩踏み込んで、セールスポイントを将来どう生かすかを伝える。例のように、自分のセールスポイントを分析して、それを加えるというのもよい。セールスポイント発揮のための３つの心がけがそれにあたる。

●● 質問シミュレーション ・■・■・■・■・■・■・■・■・■・■・

[**ぐ** 》具体的な内容を聞く　**り** 》理由を聞く　**い** 》意思を確かめる　**ち** 》知識を問う]

ぐ 》「3つの心がけは、いつ頃から心がけていますか」

ぐ 》「アメリカへの短期留学であなたが得たものは、友人以外に何がありますか」

り 》「だれとでも仲よくなれるそのあなたの能力は、大学生活でどう生かせると思いますか」

り 》「あなたはその能力を、将来の夢に向かってどう生かしたいと考えていますか」

合格回答例 ③ （セールスポイント）

価値観の異なる人の意見も認められる

●┄┄ 「あなたの長所は何ですか」

●┄┄ 「私の長所は、価値観の異なる人の意見にも耳を傾けられることだと思います。

　私は父の仕事の関係で小中学生時代をイギリス、フランス、カナダで過ごしました。人種、宗教、母語など異なる文化を持つ人たちがいっしょに生活するのが日常であったために、他者を尊重することが学校だけでなく社会の教育としてありました。

　こういった社会で暮らしたおかげで、私は価値観の異なる人の意見にも耳を傾けられるようになりました。

　これからますますグローバル化する社会において、私はこの長所を生かし、よりよい社会づくりに貢献したいと思います」

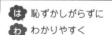 **合格回答ナビ**　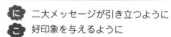

| は | 恥ずかしがらずに | に | 二大メッセージが引き立つように |
| わ | わかりやすく | こ | 好印象を与えるように |

は　恥ずかしがらずに、ずばりセールスポイントを伝えよう。

に　これは二大メッセージの１つをそのまま聞いているので、そのものずばりをストレートに伝える。

わ 　セールスポイントは1つにしぼる。あれこれたくさん挙げてはいけない。また、そのセールスポイントを裏付ける具体的なエピソードを添えるのが最も無難だろうが、例のように、そのような性質が身についた根拠を示すのもよいだろう。

こ 　もう一歩踏み込んで、セールスポイントを将来どう生かすかを伝える。また、例では、そのセールスポイントを生かし、社会に貢献したいとまとめている。好印象を与える締めくくり方だ。

●● 質問シミュレーション ▪▪▪▪▪▪▪▪▪▪▪▪▪▪▪▪

[**ぐ**》具体的な内容を聞く　**り**》理由を聞く　**い**》意思を確かめる　**ち**》知識を問う]

ぐ 》「海外での小中学生時代に、ほかにどんなことを学びましたか」

ぐ 》「一番気に入った国はどこですか」

ぐ 》「他者を尊重するための社会の教育とは、例えばどんなことがありましたか」

り 》「あなたの目から見て、日本は、価値観の異なる人の意見に耳を貸さない社会だと思いますか」
　※帰国して日本の閉鎖的な面に辟易(へきえき)したことがあれば、具体的なエピソードを添えて説明する。この質問は、セールスポイントに知性や思慮深さもプラスしてアピールできるチャンスでもある。

り 》「あなたのその能力は、大学生活でどう生かせると思いますか」

り 》「将来の夢に向かって、その能力をどう生かしますか」

合格回答例 ④　セールスポイント

ねばり強い

●●●● 「あなたの長所は何ですか」

●●●● 「私の長所は、ねばり強さだと思います。

　私は高校2年生の11月からラグビー部のキャプテンを務めてきました。チームがどういうラグビーを目指すべきで、そのためにはどんな技術が足りないのかを全員に伝えようとしましたが、なかなかうまくいきませんでした。しかし、力で強制しても自主性は生まれないと信じていたので、1つ1つの戦略、技術の重要性を、論理的に説明することをねばり強く続けました。そのかいあって、約半年後には、部員全員が向上心を持って練習に取り組むようになり、全国高校ラグビー県予選の結果も前年を上回り、ベスト4に進出しました。

　私はラグビー部キャプテンの経験から、論理的な説明をねばり強く続けることで、人を動かすことができると学びました。

　大学生活でも、社会に出てからも、人を説得するときには、気持ちだけで抑え込もうとせずに、ねばり強く論理的に説明することを心がけたいと思います」

合格回答ナビ

- **は** 恥ずかしがらずに
- **に** 二大メッセージが引き立つように
- **わ** わかりやすく
- **こ** 好印象を与えるように

は 恥ずかしがらずに、ずばりセールスポイントを伝えよう。

に これは二大メッセージの1つをそのまま聞いているので、そのものずばりをストレートに伝える。

わ セールスポイントは1つにしぼる。また、そのセールスポイントを裏付ける具体的なエピソードを添える。例では、キャプテンとして部員をまとめ上げるのにねばり強く頑張ったことを伝えている。

こ もう一歩踏み込んで、セールスポイントを将来どう生かすかを伝える。また例では、そのセールスポイントを生かして得た信条も示している。うまいアピールの仕方だ。

第3章

●● 質問シミュレーション

[**ぐ**〉具体的な内容を聞く **り**〉理由を聞く **い**〉意思を確かめる **ち**〉知識を問う]

ぐ〉「部員に具体的にどんなことを説いたのですか」

り〉「あなたのそのねばり強さは大学生活でどう生かせると思いますか」

り〉「その能力を将来の夢に向かってどう生かしますか」

★この回答例は角度を変えれば、ほかのセールスポイントとして使うこともできる。志望大学の求める学生像に合わせて語ることも面接の戦術である。次ページの回答例5は、4の内容を活用して、「リーダーシップを発揮できる」という特性を立てたものだ。

リーダーシップを
発揮できる

••••● 「あなたの長所は何ですか」

••••● 「私の長所は、リーダーシップを発揮できることです。

　私は高校2年生の11月からラグビー部のキャプテンを務めてきました。チームがどういうラグビーを目指すべきで、そのためにはどんな技術が足りないのかを全員に伝えようとしましたが、なかなかうまくいきませんでした。しかし、力で強制しても自主性は生まれないと信じていたので、1つ1つの戦略、技術の重要性を、論理的に説明することをねばり強く続けました。そのかいあって、約半年後には、部員全員が向上心を持って練習に取り組むようになりました。全国大会県予選の結果も前年を上回り、ベスト4に進出しました。

　私はラグビー部キャプテンの経験から、論理的な説明をねばり強く続けることで、人を動かすことができると学びました。

　私は将来、リーダーシップを発揮すべきときがきたら、気持ちだけで抑え込むのではなく、ねばり強く論理的に説明することで、メンバーがチームのねらいに従って動けるように、まとめ上げていきたいと思います」

合格回答ナビ

- **は** 恥ずかしがらずに
- **わ** わかりやすく
- **に** 二大メッセージが引き立つように
- **こ** 好印象を与えるように

は 恥ずかしがらずに、ずばりセールスポイントを伝えよう。

に これは二大メッセージの1つをそのまま聞いているので、そのものずばりをストレートに伝える。

わ セールスポイントは1つにしぼる。あれこれたくさん挙げてはいけない。また、そのセールスポイントを裏付ける具体的なエピソードを添える。例では、ラグビー部キャプテンとしてリーダーシップを発揮して、部員をまとめ上げたことを伝えている。

こ もう一歩踏み込んで、セールスポイントを将来どう生かすかを伝える。また、例では、エピソードの終わりに、そのセールスポイントを生かして得た信条を示し、さらに、それを将来どう生かすかまでを言っている。うまいアピールの仕方だ。

●● 質問シミュレーション

[**ぐ** 具体的な内容を聞く   **り** 理由を聞く   **い** 意思を確かめる   **ち** 知識を問う]

ぐ 「部員に具体的にどんなことを説いたのですか」
※「具体的に」と突っ込まれそうなところは言えるようにしておこう。

り 「あなたは大学生活のどんな場面でリーダーシップを発揮できると思いますか」

り 「その能力を将来の夢に向かってどう生かしますか」

セールスポイントを決められない人へ

　「これ！」というセールスポイントが決まらない人も結構いるのではないだろうか。そんな人たちのために、「決めるためのヒント」を授けよう。

1. 志望理由とのつながりを意識する

　「将来弁護士を目指すために法学部に進学する」という志望理由ならば、弁護士にふさわしい特性を思い浮かべてみる。「正義感が強い」「少数意見を大切にする」「冷静な判断ができる」などいろいろ出てくるだろう。その中から、自分にあてはまりそうなものを選ぶ。

2. 大学の求める学生像に合わせる

　志望大学が打ち出している「求める学生像」（アドミッション・ポリシー）からセールスポイントになりそうな気質を拾い上げる。求める学生像が「国際社会・地域社会のリーダーとして活躍しようとする意欲を持っている者」であれば「リーダーシップを発揮できる」「だれとでもすぐに打ち解けられる」といった点をセールスポイントにする。

3. 人に聞く

　「私のよいところって何だと思う」と、他人に聞いてみる。安易な方法だが、あながちばかにできない。他人から見た自分の魅力であるので、面接用のセールスポイントとしては説得力がある。

4. ほめられた体験を思い出す

　中学、高1、高2、高3と各段階で、他人にほめられたことを3つ以上思い出す。他人から見た自分の魅力を記憶から発掘する作業だ。しっかりほめられた経験がない人も、ほのめかされたぐらいの経験であれば、結構あるはずだ。その中から一番自信が持てるセールスポイントを選ぶ。

第4章

よくある質問の
合格回答集

1 よくある質問で合格回答力をつける

よくある質問で
合格回答力をつける

　志望理由、セールスポイント以外の入試面接でよくある質問は、次の9ジャンルに分けられる。

・**入試面接でよくある質問**

①高校生活	②大学生活	③読書
④趣味	⑤友人関係	⑥ウィークポイント
⑦高校の勉強	⑧時事問題	⑨適性に関する質問

　それぞれのジャンルの代表質問を用意しているので、まずは、自分の回答を考えて、紙に書いてみよう。

▶よくある質問・合格回答例の使い方

　回答を書きとめたら、回答例を読もう。

　それぞれの代表質問に対し、いくつかのタイプの異なる回答例を、4つのスイッチごとの解説「合格回答ナビ」とともに紹介している。解説を読みながら、よい回答を考えるコツをつかんでほしい。

　また、回答例に対する質問シミュレーション例も紹介している。4つの質問のコツに沿って、2つ以上の質問を載せている。それらを参考に有効な質問の導き出し方を学ぼう。

　各質問のすべての回答例を読んだら、自分の回答を練り直してみよう。巻末に回答を再検討するための欄を設けている。

1 高校生活

代表質問「高校時代の一番の思い出は何ですか」

回答欄

回答例① **トランペットのソロ演奏**
高校生活 【吹奏楽部】

- ┉┉● 「高校時代の一番の思い出は何ですか」
- ┉┉● 「はい、全日本吹奏楽コンクールでトランペットのソロのパートを演奏できたことです。

  私はもともと引っ込み思案の性格でしたが、吹奏楽部に入り、トランペットを担当するようになってから、だんだんと積極性が身についてきました。

  私はトランペットを吹くことで、ダメな自分に打ち勝とうとしてきました。その集大成が全国大会でのソロ演奏だったと思います」

合格回答ナビ　　は 恥ずかしがらずに　　に 二大メッセージが引き立つように
　　　　　　　　　　わ わかりやすく　　　　こ 好印象を与えるように

は　自慢できる思い出があったら、恥ずかしがらずに発表しよう。

に　高校時代の思い出話はセールスポイントをアピールするのに都合がよい。経験を通じて得たものを考えると、結びつきやすいだろう。

わ　部活動の思い出を語る場合には、部外者にも通じるように説明しよう。例えば、パーリー（＝パートリーダー）、ユーフォ（＝ユーフォニアム）などの略語は吹奏楽に関わっていない人にはわからない。略さず、誰にでもわかる言葉を使うようにしよう。

こ　単に部活動の思い出を語るだけに終わらせずに、部活動を通じて人間的にどう成長したかを伝えられると強い。

●● 質問シミュレーション ▪▫▪▫▪▫▪▫▪▫▪▫▪▫▪

[**ぐ**〉具体的な内容を聞く　**り**〉理由を聞く　**い**〉意思を確かめる　**ち**〉知識を問う]

ぐ〉「全日本吹奏楽コンクールで演奏した曲目は何ですか」

り〉「吹奏楽部に入ったのは、引っ込み思案の性格を直すためですか」

回答例② 相手ピッチャーのひと言
高校生活 【野球部】

> ●**━━━**「高校時代の一番の思い出は何ですか」
>
> ●**━━━**「はい、私は高校3年間野球をやってきましたが、夏の甲子園予選の最後の試合が忘れられません。
>
> 　私は9回ツーアウト、ランナー2・3塁の一打逆転という場面でピンチヒッターとして出場しました。しかし、相手ピッチャーの気迫に押されて、三球三振に倒れ、ゲームセットとなってしまいました。最後のあいさつのときに、相手ピッチャーに握手を求められ、ひと言言われました。『顔がコンドルに似ていたので、怖かったよ』と。
>
> 　私は試合に負けた悔しさよりも、そのひと言が気になってしまい、その日の夜、鳥類図鑑でコンドルの写真を何度も見て、ほめられたのか、けなされたのかを考えてしまいました」

第4章

合格回答ナビ　　**は** 恥ずかしがらずに　　**に** 二大メッセージが引き立つように
　　　　　　　　　　わ わかりやすく　　　　**こ** 好印象を与えるように

は　思い出話の場合には、笑わせるオチをつけるのもよいだろう。ウケないおそれもあるが、ウケなくても恥ずかしがってはいけない。

に 笑わせる話をできることで、「ユーモア」「コミュニケーション力」などのセールスポイントを引き立てることができる。

わ 具体的な場面を、臨場感あふれる感じで伝えられるとわかりやすい。だが、調子に乗って話が長くなりすぎないように注意しよう。

こ 思い出を語るだけでなくオチをつけるのもよい。自分自身を笑い者にすることで、人柄のよさを感じてもらうこともできるだろう。

●● 質問シミュレーション ▪▪▪▪▪▪▪▪▪▪▪▪▪▪▪▪▪▪

[**ぐ**〉具体的な内容を聞く **り**〉理由を聞く **い**〉意思を確かめる **ち**〉知識を問う]

ぐ〉「コンドルに似ていると言われたことについて、今ではどう思っていますか」

ぐ〉「あなたが気迫で押された相手投手は、どんな顔をしていたのですか」

裁判傍聴

●▪▪▪● 「高校時代の一番の思い出は何ですか」

●▪▪▪● 「はい、高校2年生のときに、父といっしょに初めて裁判を傍聴しましたが、被告人入廷の際、被告人に、手錠に加え腰縄が付けられているのを見て、とてもショックを受けました。そのことが高校生活を通じて一番印象に残っています。

両脇についている刑務官は獰猛（どうもう）な獣を連れているように見えてしまいました。たとえ罪を犯した人だとしても、あのように人間が人間を扱ってよいのかと考えさせられました」

合格回答ナビ

- **は** 恥ずかしがらずに
- **に** 二大メッセージが引き立つように
- **わ** わかりやすく
- **こ** 好印象を与えるように

は 社会への疑問を語るのを恥ずかしがる人がいる。浅はかな知識を笑われると恐れるためであろう。恐れずに、堂々と語ろう。

に 社会への疑問を語ることで、知的好奇心の旺盛さや、批判能力の高さをアピールすることができる。社会への疑問を語る機会があれば、それが志望理由を引き立てる。例の場合、法学部に進んで人権問題を研究したい人には、たいへん有力なネタであろう。

わ 「両脇についている刑務官は獰猛な獣を連れているように」というように、比喩表現を使うことで、よりわかりやすくその場の雰囲気、自分の思いを伝えられる。

こ 「ショックを受けた」という思い出だけに終わらせずに、そのことから考えさせられたことまで述べると、非常にポイントが高い。

●● 質問シミュレーション

[**ぐ** 具体的な内容を聞く **り** 理由を聞く **い** 意思を確かめる **ち** 知識を問う]

ぐ 「なぜ裁判を傍聴しようと思ったのですか」

り 「被告人に腰縄をする意義は何だと思いますか」

回答例 4
高校生活

漢検2級合格

・・・● 「高校時代の一番の思い出は何ですか」
・・・● 「漢検2級に合格したことです。

高校時代に何か1つでもいいから一生懸命に打ち込むものが欲しかったので、私は漢検を選びました。高校2年生の冬に、高校で一番早く2級に合格しました。

　大学生になったら準1級、1級に挑戦したいと思います」

合格回答ナビ

は 恥ずかしがらずに　　**に** 二大メッセージが引き立つように
わ わかりやすく　　　　**こ** 好印象を与えるように

は　資格、検定、実績などの"勲章"を取った思い出を語るときにも、「この程度ではばかにされるのではないか」と考え出すと、恥ずかしさに勝てなくなる。"勲章"の価値に不安がある人は、学校の先生にその旨尋ねてみよう。ちなみに漢検は3級以下の獲得では、高校時代の最大の思い出としては少しさびしいだろう。

に　「コツコツ努力する」「有言実行」「計画的に物事を進められる」などのセールスポイントをアピールできるだろう。

わ　「高校で一番早く2級に合格した」という手柄を報告することで、だれよりも一生懸命打ち込んだようすがわかりやすく伝わる。

こ　漢検2級で満足せずに、大学生になって、さらに上を目指そうとする姿勢は好印象を得られる。

●● 質問シミュレーション

[　**ぐ** 具体的な内容を聞く　**り** 理由を聞く　**い** 意思を確かめる　**ち** 知識を問う　]

り〉「高校時代に打ち込むものとして、どうして漢検を選んだのですか」

ち〉「呉越同舟という言葉の意味を説明してください。たまたま昨日読んだ○○新聞に載っていた漢検2級の問題ですけどね」

2 大学生活

代表質問「大学生になったら、何をしたいですか」

回答欄

ボランティア活動

●┅┅ 「大学生になったら、何をしたいですか」

●┅┅ 「はい、大学で募集をしている小学校でのボランティア活動に
積極的に参加したいと思います。

　私は将来小学校教諭を目指していますが、補習指導や運動会運
営補助などの実践で、子どもの行動パターンや心の変化をリアル
に知ることができると思います。

　それがきっと大学での学びをより深く理解することになり、小
学校教諭になるための土台づくりになると考えるからです」

合格回答ナビ

- **は** 恥ずかしがらずに
- **わ** わかりやすく
- **に** 二大メッセージが引き立つように
- **こ** 好印象を与えるように

は　恥ずかしがらずにやりたいことを語ろう。大学の学びについて語
るときに、浅はかな知識で言うと笑われるのではないかなどと考え
てはいけない。

に　この質問の回答は志望理由を引き立てるチャンスである。大学の
勉強に役立てることがあれば、ここで大いにアピールしよう。

わ　「補習指導や運動会運営補助など…」というように、具体例を入
れることで、小学校でのボランティア活動とは何かを理解している
ことをわかりやすく伝えている。

こ　「大学での学びをより深く理解することになり…」という言葉が
効いている。ボランティアだけでは小学校教諭にはなれない。大学
での学びの必要性をしっかり自覚している点が好印象を得られる。

●● 質問シミュレーション ▪▪▪▪▪▪▪▪▪▪▪▪▪▪▪▪▪▪▪▪▪▪

[**ぐ**▷具体的な内容を聞く **り**▷理由を聞く **い**▷意思を確かめる **ち**▷知識を問う]

ぐ▷「例えば算数の補習指導をするときに、あなたならどんな工夫をしますか」

り▷「運動会運営補助では、どんなことに注意すればよいと思いますか」

- ▪▪▪● 「大学生になったら、何をしたいですか」
- ▪▪▪● 「はい、○○大学の海外留学プログラムを活用し、ボストンに短期留学してみたいです。

　スーパーマーケットや一般家庭のキッチンを視察できるアメリカ食文化プログラムに、ぜひ参加したいと思います。

　日本の一般家庭の食事環境との違いを目で確かめて、家庭の食事が健康や性格形成に与える影響を考えるヒントにしたいと思います」

第4章

合格回答ナビ　**は** 恥ずかしがらずに　**に** 二大メッセージが引き立つように　**わ** わかりやすく　**こ** 好印象を与えるように

は　留学には、成績が伴わないと実現できないものもある。そんな場合でも「無理かもしれないが…」などと謙遜の言葉を添える必要はない。自信を持って留学の夢を伝えよう。

に　留学を、大学での学び、将来の夢の実現に役立てるというように話を展開できれば、志望理由を引き立てることができる。

わ　単にアメリカ食文化というのではなく、「スーパーマーケットや一般家庭のキッチンを視察できる…」と具体例を添えることで、アメリカ食文化のどんな点に関心があるのかをわかりやすく伝えられている。

こ　「日本の一般家庭の食事環境との違いを…ヒントにしたい」と留学の意義を添えている点でポイントが高い。

●● 質問シミュレーション

[**ぐ**〉具体的な内容を聞く　**り**〉理由を聞く　**い**〉意思を確かめる　**ち**〉知識を問う]

り〉「アメリカの一般家庭のキッチンと日本の一般家庭のキッチンでは、どんな違いがあると思いますか」

ち〉「食事が健康や性格形成に与える影響で、あなたが今知っていることがありましたら教えてください」

回答例③ 大学生活 クラブ・サークル【バスケットボール部】

　•••••● 「大学生になったら、何をしたいですか」
　•••••● 「はい、バスケットボールのサークルに入りたいと思います。

　受験勉強をしている間も気分転換を図るために、ときどき近くの公園でシュート練習をしていました。

　大学生になっても、バスケットボールで気分転換を図れたらよいと思っています。パンフレットに紹介されていた○○大学のサークルは、週3回の練習と適度な量なので、勉強の妨げにもならず、友人も増やすことができるために、とてもよい機会だと思

いました」

合格回答ナビ

は 恥ずかしがらずに　　**に** 二大メッセージが引き立つように
わ わかりやすく　　**こ** 好印象を与えるように

は 　サークル活動をしたいというのも、大学の勉強につながる話ではないが恥ずかしいことではない。友人づくり、気分転換などの理由を添えて伝えよう。

に 　「気持ちの切り替えがうまい」「積極的に人の輪に入っていける」などのセールスポイントを引き立てることができる。

わ 　受験勉強中の例を出すことで、バスケットボールで気分転換を図ることの重要性がわかりやすく伝わる。

こ 　「勉強の妨げにもならず」のひと言を添えることで、「大学は勉強する場」と自覚していることを伝えられる。

●● 質問シミュレーション

[　**ぐ** 具体的な内容を聞く　**り** 理由を聞く　**い** 意思を確かめる　**ち** 知識を問う　]

り 「中学、高校の部活動ではバスケットボールをやらなかったのですか」

ぐ 「大学パンフレットのその他の印象はどうでしたか」

第4章

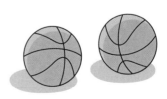

オープンキャンパスの学生スタッフ

> ┅┅● 「大学生になったら、何をしたいですか」
>
> ┅┅● 「私はオープンキャンパスの大学生スタッフをぜひやってみたいです。
>
> 　私は地方から一人でこちらのオープンキャンパスに参加しました。だれも知り合いがいなくて不安だったところ、大学生スタッフがやさしく声をかけてくれて、キャンパス案内をしてくれました。そのおかげで○○大学のことを十分に知ることができました。
>
> 　私も大学生になったら、私と同じように地方から来る受験生の手助けをしたいと思います」

合格回答ナビ　　は 恥ずかしがらずに　　に 二大メッセージが引き立つように
　　　　　　　　　　わ わかりやすく　　　こ 好印象を与えるように

は　あまりに素直な回答だが、本当にそう思っているのなら恥ずかしがらずに伝えよう。

に　「困っている人を助けたくなる」「人にやさしい」などのセールスポイントを引き立てることができる。

わ　「地方から一人で…」「だれも知り合いがいなくて…」というような言葉を添えることで、不安な気持ちでオープンキャンパスに参加したのがよくわかる。

こ　「地方から来る受験生の手助けをしたい」と、具体的にだれの役に立ちたいかを伝えることで、その真摯な思いがよく伝わる。

●● 質問シミュレーション

[**ぐ** 具体的な内容を聞く **り** 理由を聞く **い** 意思を確かめる **ち** 知識を問う]

ぐ 「大学生スタッフのどんな言葉にやさしさを感じましたか」

ぐ 「キャンパス案内でこの大学を見て、どこが印象的でしたか」

3 読書

代表質問「最近どんな本を読みましたか」

回答欄

第
4
章

回答例① ～志望理由関連～
読 書
奥山清行『フェラーリと鉄瓶』(PHP研究所)

> ●──── 「最近どんな本を読みましたか」
> ●──── 「奥山清行さんの『フェラーリと鉄瓶』という本を読みました。
>
> 　奥山さんはイタリア車フェラーリのデザインを手がけた、世界を代表する工業デザイナーです。
>
> 　本の中で奥山さんは、『デザインの作業のうち三分の二はコミュニケーションだ』と言っています。デザインそのもののほかに、正しい人を探して、正しい情報を引き出すこと、できたものの情報を正しい人に正しく伝えること、その両方が伴ってデザインの作業が完結すると言っています。
>
> 　私も奥山さんのように、将来は自動車の工業デザインを手がけたいと思っています。そのためには、デザインの勉強とあわせて、コミュニケーション能力を磨く努力をしようと思いました」

合格回答ナビ
は 恥ずかしがらずに　　**に** 二大メッセージが引き立つように
わ わかりやすく　　　　**こ** 好印象を与えるように

は 　読んだ本は必ずしも名作や志望学部に関連した本である必要はない。一番恥ずかしいのは「本を読んでいない」という回答。

に 　将来目標とする人の本や伝記を読んだことをアピールすれば、それが志望理由を引き立てることになる。

わ 　著者を知らない大学の先生もいるかもしれないので、最初に奥山清行氏がどんな人かを説明するとよい。そうすることで、タイトルの意味やその後の説明もわかりやすくなる。

本の中で印象深かった言葉（「デザインの作業のうち三分の二はコミュニケーションだ」）を紹介しているが、独特の言い方なので、注釈を加えて、意味をわかりやすくしている。

こ 本を読んで、将来の学ぶべき課題（コミュニケーション能力を磨く）を見つけている点が好印象を得られる。

●● 質問シミュレーション ·········

[**ぐ**〉具体的な内容を聞く **り**〉理由を聞く **い**〉意思を確かめる **ち**〉知識を問う]

ぐ〉「『フェラーリと鉄瓶』の鉄瓶とはどういう意味なのでしょうか」

り〉「どうしてデザインの仕事にコミュニケーション力が必要だと思いますか」

回答例②
読 書 **〜現代小説〜**
中沢けい『楽隊のうさぎ』（新潮文庫）

●┅┅● 「最近どんな本を読みましたか」
●┅┅● 「吹奏楽部の後輩に勧められて、中沢けいの書いた『楽隊のうさぎ』という小説を読みました。

　主人公の男子中学生は、未経験で吹奏楽部に入部してパーカッションのパートを任せられるのですが、私もまったく同じ経験をしているので、まるで自分のことを書かれていると感じながら、あっという間に読んでしまいました。

　小説の中で『打楽器奏者に必要なのは決断力なんだ』という台詞（せりふ）が出てきます。この台詞を目にした瞬間、練習で何度もきっかけを外した悔しい思い出や、本番できっかけを待つ直前の緊張感

が一気によみがえりました」

合格回答ナビ

- **は** 恥ずかしがらずに
- **に** 二大メッセージが引き立つように
- **わ** わかりやすく
- **こ** 好印象を与えるように

は 現代小説の場合に、例のような人気作でなくても構わない。何であろうと恥ずかしがる必要はない。

に 「決断力」をセールスポイントにしている場合に、この本を紹介することで、自身がいかに苦労してこのセールスポイントを身につけたかが伝わる。

わ 本を読んだきっかけ、一気に読破した理由、印象に残っている一節などを具体的に紹介することで、本の内容だけでなく、読書を通じて自分自身をわかりやすく伝えられる。

こ 本の一節から、自分自身の体験をうまく引き出している。一生懸命に1つのことに取り組んでいた姿勢が伝わる。

●● 質問シミュレーション

[**ぐ** 具体的な内容を聞く **り** 理由を聞く **い** 意思を確かめる **ち** 知識を問う]

り 「なぜ打楽器奏者には決断力が必要なのですか」

ぐ 「あなたの吹奏楽部での活動で印象深いことをお話しください」

「セールスポイント」と結びつけられると有利！

～世界の古典文学～
ウィリアム・シェイクスピア『ヴェニスの商人』
（小田島雄志訳・白水Uブックス）

・・・● 「最近どんな本を読みましたか」

・・・● 「はい、シェイクスピアの『ヴェニスの商人』を読みました。

主人公であるユダヤ人の高利貸しシャイロックの印象が強烈でした。ただ、私は何度読み返してもシャイロックが悪い人には思えず、むしろ哀れな人と思いました。

特に終盤の法廷場面では、屁理屈で主張をねじ曲げられ、すべてを奪われてしまう、とてもかわいそうな人物という印象を持ちました」

合格回答ナビ
は 恥ずかしがらずに **に** 二大メッセージが引き立つように
わ わかりやすく **こ** 好印象を与えるように

は もちろん、近代・古典文学でもよい。名作を出して、「浅い読み方しか示せないと恥をかく」などと考える必要はない。

に あまり意識しなくてよいが、文学部志望者の場合には、文学論を披露するチャンスなので生かしてほしい。

わ 主人公の人物像について独自の解釈を語っているが、「特に終盤の…」というところで、どの場面から、そのように解釈できるかの理由を語っているので、わかりやすく説得力がある。

こ 最近の若者はあまり名作を読まなくなったので、シェイクスピアの戯曲を読んだというだけでも、かなりの好印象を得られるだろう。

[**ぐ**〉具体的な内容を聞く　**り**〉理由を聞く　**い**〉意思を確かめる　**ち**〉知識を問う]

り〉「シャイロックがアントーニオに肉1ポンドをよこせと言ったことについてはどう思いますか」

ち〉「シェイクスピアの戯曲で、ほかには何か読んでいますか」

④ 趣味

代表質問「あなたの趣味は何ですか」

回答欄

スイーツの食べ歩き

- ⋯⋯➡ 「あなたの趣味は何ですか」
- ⋯⋯➡ 「私の趣味はスイーツの食べ歩きです。

　　口コミやネットでの評判で、おいしそうなものがあるという情報を得ると、休日を使って仲のよい友人と食べに出かけます。

　　最近食べてとてもおいしかったのは、ドイツ洋菓子を専門に扱うお店で食べた『しまうまのクグロフ』というお菓子です。ココア生地とプレーン生地をあわせたケーキにヘーゼルナッツがたっぷり入った食べごたえのあるお菓子でした」

合格回答ナビ　　**は** 恥ずかしがらずに　　**に** 二大メッセージが引き立つように
　　　　　　　　　　わ わかりやすく　　　　**こ** 好印象を与えるように

は　どんな趣味でも恥ずかしがらずに伝えてよい。ただ、お酒を飲むなど、高校生として不謹慎な趣味は避けよう。趣味なしは最悪。何か言えるようにしておこう。

に　趣味に関しては、あまり二大メッセージを引き立てようと意識する必要はない。

わ　例では、具体的にどのようにしてその趣味を実行しているのか、最近の"収穫"を具体的に伝えているので、趣味を楽しんでいることがよく理解できる。

こ　趣味を持つことで幸せな気分を味わっているのが伝わってくるのがよい。

第4章

●● 質問シミュレーション

[**ぐ** ▷ 具体的な内容を聞く　**り** ▷ 理由を聞く　**い** ▷ 意思を確かめる　**ち** ▷ 知識を問う]

ぐ ▷ 「食べ歩きをするときには何人の友人と出かけるのですか」

ぐ ▷ 「『しまうまのクグロフ』を売っているお店はどこにあるのですか」

 **映画鑑賞**
趣 味 『台湾人生』

> ••••● 「あなたの趣味は何ですか」
>
> ••••● 「私の趣味は映画を見ることです。
>
> 　　最近見た映画で印象深いのは、酒井充子監督の『台湾人生』というドキュメンタリー映画です。
>
> 　　日本統治時代に台湾で日本の教育を受けた5人の老人を取材していますが、まずは流暢（りゅうちょう）な日本語を話す台湾の老人たちに驚きました。また、老人たちの日本に対する思いに圧倒されそうになりました」

合格回答ナビ
　　は 恥ずかしがらずに　　**に** 二大メッセージが引き立つように
　　わ わかりやすく　　**こ** 好印象を与えるように

は　どんな趣味でも恥ずかしがらずに伝えてよい。読書をはじめ、映画・演劇・音楽・美術鑑賞などの文化的な趣味は大学の先生にはウケがよい。

に　趣味に関しては、あまり二大メッセージを引き立てようと意識する必要はない。ただ、文学・芸術系の学部を受験する人は、文化的な趣味をアピールすることで、志望理由を引き立てることができるだろう。

わ　最近見た映画を伝える場合に、タイトルだけでなく、監督名とジャンル（例ではドキュメンタリー）もいっしょに紹介することで、その映画についてまったく知らない人でも、映画のイメージを持つことができる。

こ　「日本統治時代に…圧倒されそうになりました」のように、映画の内容と感想を簡単に伝えられると、映画を見ていない面接官とも、その映画の話題を共有できて、ポイントが高いだろう。

●● 質問シミュレーション

[　**ぐ** 具体的な内容を聞く　　**り** 理由を聞く　　**い** 意思を確かめる　　**ち** 知識を問う　]

ぐ〉「映画の中で老人たちは、日本に対して具体的にどのような思いを語っていたのですか」

ち〉「日本の台湾統治時代は、何年から何年までか知っていますか」

5 友人関係

代表質問 「あなたには親友と呼べる友人はいますか。いましたら、
その友人がどんな人かを教えてください」

回答欄

回答例❶ 部活動の友人
友人関係 【ムードメーカー】

> ┅┅● 「あなたには親友と呼べる友人はいますか。いましたら、その友人がどんな人かを教えてください」
>
> ┅┅● 「はい、います。彼は同じ野球部でショートを守っています。彼はチームのムードメーカーで、試合でみんなが緊張しているときに冗談を言って、みんなをリラックスさせてくれます。
>
> 　私はピッチャーでしたが、ピンチのときにタイミングよく彼が声をかけてくれ、緊張をほぐしてくれました。彼には、とても感謝しています。彼のおかげで、どの試合でも自分を見失わずに投球ができました」

合格回答ナビ

は 恥ずかしがらずに 　**に** 二大メッセージが引き立つように
わ わかりやすく 　**こ** 好印象を与えるように

は 　友だちを評価するとなると、モジモジする人がいる。友だちが横にいるわけではない。恥ずかしがらずに伝えよう。なお、本当は親友がいなくても、だれかを想定して、「いる」と伝えるほうがよい。

に 　あまり二大メッセージを引き立てようと意識する必要はない。

わ 　どんなタイプ（ムードメーカー）かをひと言でわかりやすく伝えている点がよい。どのような縁（同じ野球部）で友情が結ばれたのかを最初に説明している点もよい。

こ 　友人への感謝の思いを具体的に語っている点がよい。チームワークを大切にする人と評価される可能性が高い。

第4章

119

●● 質問シミュレーション

[**ぐ** 》具体的な内容を聞く　**り** 》理由を聞く　**い** 》意思を確かめる　**ち** 》知識を問う]

ぐ 》「その友人はどんな冗談を言って、チームのみんなをリラックスさせてくれるのですか」

ぐ 》「これからその友人がいなくても、ピンチに出くわしたときに、あなたは切り抜けることができますか」

回答例②
友人関係　クラスの友人　【世話好き】

> ●ーー「あなたには親友と呼べる友人はいますか。いましたら、その友人がどんな人かを教えてください」
>
> ●ーー「はい、います。彼女はとても世話好きで、私が困っているときには、すぐに察知して、私に手助けをしてくれます。
>
> 　ただ、その世話好きが行き過ぎて、お節介になってしまうこともあり、そんなときには、少しけんかになることもあります。しかし、けんかをしても、すぐに仲直りができて、また私が困っているときには率先して助けてくれます。
>
> 　彼女とは進路は異なりますが、これからもずっと親友でいたいと思います」

合格回答ナビ　　**は** 恥ずかしがらずに　　**に** 二大メッセージが引き立つように
　　　　　　　　　わ わかりやすく　　**こ** 好印象を与えるように

は　友だちを評価するとなると、モジモジする人がいる。恥ずかしがらずに伝えよう。なお、本当は親友がいなくても、だれかを想定し

120

て、「いる」と伝えるほうがよい。

に あまり二大メッセージを引き立てようと意識する必要はない。ただ、例のように、友人の嫌な面（お節介になってしまう…）に触れるときには、それを言うことで、志望理由、セールスポイントにマイナスになりはしないかを考えておこう。

わ どんなタイプ（世話好き）かをひと言でわかりやすく表現しているのがよい。

こ 長所（世話好き）が行き過ぎて短所（お節介）になることを説明している点がよい。冷静に物事を判断していることがよくわかる。

また、嫌な面を見たからといって安易に友人関係を切らない点（けんかをしても、すぐに仲直りができて…）も評価が高い。最近の若者は堪え性がないと言われるので、仲直りできるというエピソードはよい評価を受けるだろう。

●● 質問シミュレーション

[**ぐ** 具体的な内容を聞く **り** 理由を聞く **い** 意思を確かめる **ち** 知識を問う]

ぐ「その友人から手助けしてもらったことで、一番うれしかったことは何ですか」

ぐ「けんかをした後、何がきっかけで仲直りできますか」

6 ウィークポイント

代表質問「あなたの短所は何ですか」

回答例 1
ウィークポイント　　あきらめが悪い

----● 「あなたの短所は何ですか」

----● 「はい、あきらめの悪いところです。

　　負けをすぐに認めることや、『できない』とすぐに判断するこ

122

とができません。つい、なんとか挽回できないだろうかと考えて
しまいます。

　すぐにあきらめずにねばるのは長所だとも思いますが、時と場
合により、判断の遅れは他人にも迷惑をかけると自覚しています。
これからは、ねばりながらも、あきらめが肝心という教えも学び
たいと思います」

合格回答ナビ　　は 恥ずかしがらずに　　に 二大メッセージが引き立つように
　　　　　　　　わ わかりやすく　　　　こ 好印象を与えるように

は　マイナス面を伝えるときにはあまり堂々と言うものではないが、
かといって恥ずかしがって蚊の鳴くような声になってしまってはダ
メだ。面接官に明確に伝えよう。

に　短所と長所は表裏一体という面がある。つまり見方を変えれば、
短所は長所というのを示す（すぐにあきらめずにねばるのは長所だ
とも思います…）とセールスポイントを引き立てることにもなる。

わ　あきらめが悪いというのは具体的にはどういうことなのかを説明
している点（負けをすぐに…考えてしまいます）がよい。

こ　短所を客観視できていて、今後その短所とどうつきあっていくの
かという目標を掲げている点（ねばりながらも…学びたい）がよい。

●● 質問シミュレーション

　　[ぐ 具体的な内容を聞く　り 理由を聞く　い 意思を確かめる　ち 知識を問う]

ぐ「これまでに、あきらめが悪くて、どんな失敗をしましたか」

ぐ「例えばどのような場合には、あきらめずにねばるほうがよいと思
いますか」

おっちょこちょい

•••••● 「あなたの短所は何ですか」

•••••● 「はい、少しおっちょこちょいな面があるところです。

ただ、その面は自分で十分に自覚しているので、ここぞという
場面ではミスをしないように、何事も早めに取り組み、少し間を
あけて確認をするようにしています」

合格回答ナビ

は 恥ずかしがらずに   **に** 二大メッセージが引き立つように
わ わかりやすく   **こ** 好印象を与えるように

は マイナス面を伝えるときにはあまり堂々と言うものではないが、
かといって恥ずかしがって蚊の鳴くような声になってしまってはダ
メだ。面接官に明確に伝えよう。

に 志望理由で将来なりたい職業を伝えた場合に、短所によっては適
性を欠くと思われる危険もある。例のように、おっちょこちょいな
性格は、医学・医療・看護系では度が過ぎるとまずいだろう。致命
的な欠点を言わないように注意することも重要だ。

わ 致命的な欠点ではないことを伝えるために、例のように「少し…」
と度合いの弱さを加えて伝えるとよい。おっちょこちょいなようす
をあまり詳しく説明する必要はない。

こ 自分の短所を客観視できていて、それをカバーするために普段か
らどのような心がけをもって対処しているのかを紹介している点が
よい。マイナスポイントを挽回できている。

●● 質問シミュレーション

[ぐ 具体的な内容を聞く　り 理由を聞く　い 意思を確かめる　ち 知識を問う]

ぐ 「おっちょこちょいが災いして、これまでどんな失敗を経験しましたか」

ぐ 「ここぞという場面には、これまでどんな場面がありましたか」

7 高校の勉強

1. 好きな科目

代表質問「高校の勉強で好きな科目は何ですか」

回答欄

好きな科目
【美術】

●┅┅ 「高校の勉強で好きな科目は何ですか」

●┅┅ 「美術が好きです。絵を描くのが子どもの頃から好きでした。

高校3年生になってからは、美術の時間に油絵をずっと描いて
います。

勉強の合間に、静かに絵を描くだけの時間に集中できるのが、
とても気分がいいです」

合格回答ナビ

は 恥ずかしがらずに **に** 二大メッセージが引き立つように
わ わかりやすく **こ** 好印象を与えるように

は 「好きな科目」の成績がたとえよくなくても、恥ずかしがっては
いけない。好きな科目を堂々と伝えよう。

に 志望学部・学科に関連する科目を「好き」と言えると、志望理由
に説得力を増すことができる。英文学科で英語、芸術学科で美術な
ど。ただし、ウソはつかないほうがよい。その後に好きな科目に関
して口頭試問を受けて、ウソがばれることがある。

志望学部・学科に関連しない科目でも、好きな科目については正
直に答えるほうがよい。

わ いつから(子どもの頃)好きか、現在何をやっているか(油絵制
作)を具体的に書いているのでわかりやすい。

こ 自分にとっての絵を描くことの効用(勉強の合間に…)を伝えて
いるのもよい。勉強に役立つことを、嫌味なく伝えられている。

●● 質問シミュレーション ▪▪▪▪▪▪▪▪▪▪▪▪▪▪▪▪▪▪▪

[**ぐ** 具体的な内容を聞く　**り** 理由を聞く　**い** 意思を確かめる　**ち** 知識を問う]

ぐ 「高校の美術の時間に制作している油絵では、何を描いているのですか」

い 「大学に進学したら、美術サークルなどに入るつもりですか」

2. 嫌いな科目

代表質問「高校の勉強で嫌いな科目は何ですか」

回答欄

嫌いな科目
【世界史】

•┅┅● 「高校の勉強で嫌いな科目は何ですか」

•┅┅● 「世界史があまり好きではありません。授業を聞いていても地域があちこちに飛び、時代の流れがうまくつかめなかったからです。

　ただ、歴史自体には興味があるので、これからは大学の勉強と並行しながら、テーマごとに世界史の教科書を復習してみようと思います」

合格回答ナビ

は 恥ずかしがらずに　　**に** 二大メッセージが引き立つように
わ わかりやすく　　　　**こ** 好印象を与えるように

は　この質問の回答はあまり堂々と言うものではない。またこの質問に関しては「特にありません」という回答でもよい。

に　志望学部・学科に関連する科目を嫌いと言わないほうがよい。歴史学科に進みたいのに、日本史、世界史が嫌いというのではまるで説得力がない。

わ　嫌いになった理由を自己分析して説明できている点はよい。ただ理由を言うにしても、高校の先生が気に食わなかったなどの感情的な理由は言わないほうがよい。

こ　嫌いだからこの先ずっと勉強しないという姿勢はまずい。例のように、これから挽回することを付け加えるとよい。

●● 質問シミュレーション

[ぐ〉具体的な内容を聞く り〉理由を聞く い〉意思を確かめる ち〉知識を問う]

ぐ〉「歴史自体には興味があると言いましたが、具体的にはどのような点に興味がありますか」

ぐ〉「世界史をテーマごとに学習する方法を、いつ思いつきましたか」

8 時事問題

代表質問「最近の気になるニュースを1つ挙げてください」

回答欄

最近の気になるニュース
【トピック】

※ここで取り上げる時事問題は架空のものです。

------● 「最近の気になるニュースを１つ挙げてください」

------● 「飛行機の墜落事故から奇跡的に生還した中学生の通う中学校
に関する報道です。

学校に詰めかける報道陣から中学生を守ろうと、保護者と町の
住人が協力して、通学路にずらっと並んでいる姿にはとても感動
しました。

報道の自由を守ることは大切ですが、報道される側の精神的動
揺への配慮もあわせて考えるべきだと思いました」

合格回答ナビ　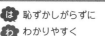　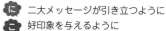

は 恥ずかしがらずに伝えよう。ニュースを説明する場合にとらえ方
が間違っていて笑われるかもしれないと考える人がいるが、恐れる
必要はない。ただ、あまりにもでたらめなことを言わないように、
あらかじめ新聞記事などを読み直しておくと安心だ。「特にない」
という回答は恥ずかしい。１つぐらいは言えるようにしておこう。

に 特に二大メッセージを気にする必要はない。

わ まずは簡潔にどのニュースかを伝えたうえで、さらに具体的にそ
のニュースのどういった点に注目したのかを答えている点がよい。
"ずばりと回答" → "具体的な説明" という流れを基本にしよう。

こ 気になるニュースを通して自分なりに考えたこと（報道の自由を
…）を加えている点がよい。

質問シミュレーション

[**ぐ** 具体的な内容を聞く　**り** 理由を聞く　**い** 意思を確かめる　**ち** 知識を問う]

ぐ 「あなたの高校では、このニュースはどのように取り上げられましたか」

り 「報道の自由はなぜ大切だと思いますか」

回答例② 最近の気になるニュース
時事問題 【調査結果】

※ここで取り上げる時事問題は架空のものです。

● 「最近の気になるニュースを1つ挙げてください」

● 「はい、9月に発表された○○の『小学生の食べ物好き嫌い調査』の結果で、野菜嫌いの小学生が増えているというニュースが気になりました。

　野菜には体によい栄養素がたくさん入っているので、野菜嫌いの子どもをなくすために、将来管理栄養士として食育に工夫を凝らしたいと思います」

第4章

合格回答ナビ

は 恥ずかしがらずに　　**に** 二大メッセージが引き立つように
わ わかりやすく　　　　**こ** 好印象を与えるように

は 恥ずかしがらずに伝えよう。ニュースを説明する場合にとらえ方が間違っていて笑われるかもしれないと考える人がいるが、そんなことを恐れる必要はない。ただ、あまりにもでたらめなことを言わないように、あらかじめ新聞記事などを読み直しておくと安心だ。「特にない」という回答は恥ずかしい。社会に関心があることをアピールする意味で1つぐらいは言えるようにしておこう。

に　特に二大メッセージを気にする必要はない。ただ、ニュースによっては、志望理由を引き立てるのに役立つものもある。例のように将来管理栄養士を目指している人は、この回答のようなニュースを取り上げれば、食育に対する関心の高さを示すことができるだろう。

わ　マスコミで報道された調査結果を気になるニュースとする場合に、調査結果のどのような点に注目したのか（小学生の野菜嫌いが増えている）を伝えるようにしよう。グラフ・表の場合には、際立った点に言及するのがよい。

こ　志望理由関連の記事の場合には、例のように、その問題を解決することを将来の目標の1つにするという締めくくり方はポイントが高い。

●● 質問シミュレーション

[**ぐ**》具体的な内容を聞く　**り**》理由を聞く　**い**》意思を確かめる　**ち**》知識を問う]

ぐ》「野菜嫌いの子どもをなくすための食育の工夫とは、例えばどんなことを考えていますか」

ち》「にんじんに入っている栄養素を説明できますか」

日ごろから
時事問題に
関心を持とう

⑨ 適性に関する質問

1. コミュニケーション力

代表質問「高齢者と自然に会話ができますか」

※医師、看護師、医療・福祉関係の仕事を目指す人は必須。

※教員志望者は、「高齢者」を「子ども」に変えて考えてみよう。

回答欄

コミュニケーション力
【看護師】

■■■● 「高齢者と自然に会話ができますか」

■■■● 「はい、もちろんです。

私は父方の祖父母とずっといっしょに暮らしています。また、母方の祖母は現在サービス付き高齢者向け住宅で暮らしていますが、遊びに行ったときには、祖母と同じ施設で暮らすほかの高齢者の方ともたくさん話をします。

高齢者の方から、昔流行ったものの話を聞くのが大好きです」

合格回答ナビ

| は 恥ずかしがらずに | に 二大メッセージが引き立つように |
| わ わかりやすく | こ 好印象を与えるように |

は 恥ずかしがらずに、自分に看護師としての適性があることをアピールしよう。

に 看護師としての適性を欠く発言をしないように気をつけよう。看護師あるいは志望する大学の掲げる適性をつかんでいない人は、大学パンフレットなどで確認しておこう。

わ 日常的に高齢者が身近にいる環境を説明することで、適性があることを非常にわかりやすく説明している。事実を示すというのは適性を探る質問の場合には最も有効だ。

こ 高齢者と具体的にどんな話をするのか（昔流行ったものの話）を伝えることで、良好なコミュニケーションが自然にできていることをアピールできる。

●● 質問シミュレーション

[ぐ 〉具体的な内容を聞く　り 〉理由を聞く　い 〉意思を確かめる　ち 〉知識を問う]

ぐ 「いっしょに暮らしているおじいさま、おばあさまとは、最近どんな話をしましたか」

ぐ 「高齢者の方たちに聞いた昔流行ったものの話で、何が一番印象に残っていますか」

2. 家族の理解

　代表質問「あなたが自衛官になることに家族は賛成していますか」

※防衛大を受験する人は必須。

※危険の伴う職業を目指す人は「自衛官」のところを自分の目標に合わせて回答を考えてみよう。

※医療系・教員の場合には、地域を限定した質問にアレンジして考えてみよう（○○県で医師として働くことに家族は賛成ですか、など）。

第4章

回答欄

家族の理解
【自衛官】

> ┉● 「あなたが自衛官になることに家族は賛成していますか」
> ┉● 「はい、賛成しています。自分の進みたい道に進みなさいと言っ
> てくれました」

合格回答ナビ
　は 恥ずかしがらずに　　に 二大メッセージが引き立つように
　わ わかりやすく　　　　こ 好印象を与えるように

は　恥ずかしがらずに答えよう。ただ「反対しています」という答え
はあまり好ましくない。受験するからには入試までに家族を説得し
よう。

に　家族の理解を得られていることを伝えられれば、それだけで志望
理由を引き立てることにもなる。

わ　賛成であることをはっきり伝えれば、それ以上は必要ない。

こ　「自分の進みたい道に進みなさい」というひと言はポイントが高
い。家族が自立を促している証拠でもある。

●● **質問シミュレーション**

[ぐ 具体的な内容を聞く　り 理由を聞く　い 意思を確かめる　ち 知識を問う]

い〉「家族は自衛官の仕事を理解していますか」

い〉「あなたのご兄弟もそれぞれ進みたい道に進まれているのですか」

第5章

さまざまな
面接形式

!!

① さまざまな面接形式に備える

さまざまな面接形式に備える

1 通常面接

　面接官と受験生が向かい合って行う通常パターンの面接の場合には、4つのスイッチの「は」（恥ずかしがらずに）、「こ」（好印象を与えるように）の2つに注意しながら面接にのぞむとよい。

　通常面接には個人面接とグループ面接がある。それぞれにおいて、どんな点に注意したらよいのか、「は」「こ」の視点ごとに解説しよう。

1. 個人面接

　受験生1名に対して、面接官は2〜4名。1人の面接官がよく質問をして、そのほかの面接官はあまり質問をせずにやりとりを観察する役割を担っている場合が多い。

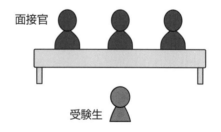

は　質問をする面接官の目をしっかり見る。「緊張しているから」「面接の先生が強面だから」「面接の先生がこちらを見ていないから」

などの理由で視線をそらしてはいけない。

　回答をするときは、質問をした面接官の目あるいは喉あたりを見ながら答える。ただし、ときどき、質問をしていないほかの面接官にも視線を移し、面接官全員と対話していることを示そう。視線を一度でも交わすか交わさないかで、面接官の印象は大きく変わる。

2. グループ面接

受験生が3～5名の複数で、面接官は2～4名。個人面接と同じように、1人の面接官がよく質問をして、その他の面接官はあまり質問をしないでやりとりを観察する役割を担っている場合が多い。

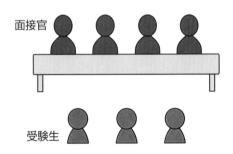

　質問をする面接官の目をしっかり見る。これは個人面接のときと同じ。

ほかの受験生に圧倒されて、物怖じしないように気をつけよう。自信たっぷりの人、やたら難しいことを言う人、見た目が派手な人などが同じグループで居合わせても、萎縮してはいけない。堂々と自分をアピールしよう。

第5章

ほかの受験生を意識しすぎてはいけないが、そうかと言って無視するのもいけない。他の受験生と面接官のやりとりもきちんと聞こう。他人の話を聞く姿勢を示せれば、それだけで、コミュニケーション力がある、協調性があると好印象を得られる。

面接官がほかの受験生と会話を交わしていたと思ったら、突然話題を別の受験生に振ることもある。しっかり話を聞いていないと、思わぬ失態を招くこともある。

2 ディスカッション

5～8人のグループで、決められたテーマについて議論をする。大学の先生が司会を務める場合もあるが、多くは受験生のうちの1名が司会を務める。立候補で決まる場合が多い。面接官は、議論の輪の外から審査をしている。**発言内容はもちろん、よい結論にたどりつこうとする協調性も見られている。**

〈パターン1〉

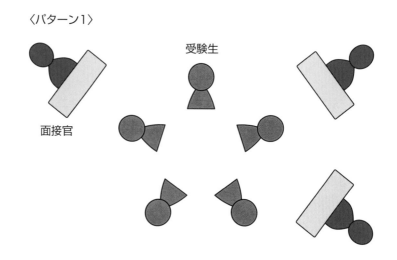

受験生

面接官

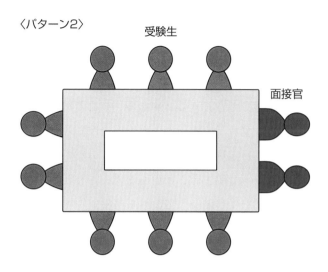

　司会役と発言者役に分けて、注意点を、4つのスイッチ「は」「に」「わ」「こ」別に説明しよう。

1．司会役

は　立候補で決めるのなら、なるべく立候補したほうがよい。「リーダーシップ」「調整能力」「少数意見の尊重」など、大学に好印象を与えやすい立場にあるからだ。ただ、テーマをある程度理解していないとまとめきれないので、なんでもかんでも立候補すべきではないが、背景の知識が少しでもあるようなら、勇気を持って立候補しよう。

に　「リーダーシップ」「調整能力」「少数意見の尊重」といったセールスポイントを二大メッセージの1つに据えている人は、司会ぶりで、その長所の裏付けができる。がんばりどころだ。

わ　テーマが大きくずれていると感じたときには、そこまでの話を整理して、もとのテーマに議論を戻そう。こういった仕切りは勇気が

第5章

いるが、できればポイントは高い。

（こ）　議論をしていると、非常に発表能力の高い人の意見に引きずられて、意見が一方に偏ることがある。そんな中、少数の反対派は圧倒されて沈黙してしまうことがある。そこで司会者が少数派に助け舟を出して、少数派の言い分にも説得力があることを示唆する。

　また、反対意見を唱える人が1人もいなくなり、それ以上議論が進まなくなってしまうこともある。そんなときは、司会者が反対の立場の根拠を1つ紹介して、さらに検討を重ねられるように持っていく。

　また、発言者の中には、暴論や感情論をぶつけて来る者がいる。そういった人たちを、完全に無視はせず、怒らず穏やかに対応し、ディスカッションが滞らないようにする。

　こういったことができれば、非常にポイントは高い。

2. 発言者役

（は）　とにかく発言をしなくてはダメだ。手を挙げて、積極的に発言しよう。恥ずかしがっている暇はない。

　また、話を振られた場合も、「私も同じ意見です」といった同調だけの発言に終わらないようにしよう。自分の前に発言した人と同意見でも、自分なりの考えを何か伝えるようにしよう。

（に）　「積極性」「論理的思考力がある」「協調性がある」「柔軟性がある」など、発言やふるまいで、さまざまなセールスポイントの裏付けができる。

（わ）　賛成なのか反対なのかわからない、どっちつかずな発言をしない

142

ようにする。議論をする場合に、必ず自分がどちらの立場に立つか
を決めておいて、そこからブレないようにしよう。

　テーマが大きくずれていると感じたときには、そこまでの話を整
理して、もとのテーマに議論を戻そう。これは本来司会者の役割だ
が、司会者がそのことに気づいていない場合には、発言者がしても
よい。

　もちろん積極的に発言しなくてはならないが、かと言って、他人
の意見に耳を傾けないのもまずい。しっかりほかの発言者や司会の
話を聞く姿勢を示そう。また、ほかの発言者の意見を踏まえたうえ
で反論や補足説明をする。

　同じ発言者の中にも、暴論や感情論をぶつけて来る者がいる。そ
ういった人たちを、完全に無視はせず、怒らず穏やかに対応し、ディ
スカッションが滞らないようにできれば、その手柄を立てた人はポ
イントが高い。

第5章

③ プレゼンテーション

　総合型選抜の面接に、プレゼンテーションを加える大学が増えている。

　プレゼンでは、**発表する中身とともに、発表の仕方が重要になる。**何を伝えるかとともに、どう伝えるかを準備段階から十分に考えておく必要がある。

　また、プレゼンの場合、口頭での発表だけでなく、ホワイトボードやスクリーンを用いて、視覚的に訴えることもできる。資料の用意の仕方は自由な場合が多い。これまで私が知っている例でも、模造紙に書いた手製の資料を用意した人や、ホワイトボードに書き込みをしながら発表した人もいる。最近はパワーポイントなどのプレゼン用ソフトを使う人も増えている。

　そこで、ここでは、口頭で発表をするときのコツと、資料を用いるときの注意点を、4つのスイッチ「は」「に」「わ」「こ」別に説明しよう。

1. 発表のコツ

は プレゼンをパーフェクトにできることはまずないと思っていたほうがよい。たとえ5分程度の短いプレゼンでも、1つや2つの失敗は必ずする。

そんなときでも、恥ずかしがって集中を切らせてはダメだ。「失敗があって当たり前」と自分に言い聞かせて、集中を切らさないようにしよう。

また、これもだれにでも起こりうることだが、プレゼン中に頭が真っ白になり、次に言うべき言葉が出なくなることがある。そんなときのために、プレゼン内容を単に丸暗記するだけでなく、話の大まかな流れをブロックごとに押さえておくとよい。言葉が出なくなったら、「緊張していて、次の言葉が出なくなってしまいました。少し前に戻ってお話しさせていただきます」などと言い、ブロックの始まりから話をやり直すようにしよう。頭が真っ白になったからと言って、失格になるわけではない。集中を切らさずにピンチを乗り越えよう。

に 発表能力自体、大きなセールスポイントになる。うまくいけば、これを堂々と長所と言い放ってもよいだろう。そのほか、積極性、柔軟性、ここぞというときに力を発揮するといった点などもアピールできる。

わ 最初に話のメインテーマを明確に伝えよう。"看板"をはっきり示さないと、聞き手は話をとらえにくい。

キーワードや重要事項は繰り返し伝えるようにしよう。何度も繰り返すことで、その重要性が伝わる。

機会があれば、比喩表現を使ってみよう。「大相撲の世界のように、現在は外国人がリードをしている」「日本のホワイトカラーの

賃金カーブはへの字型を描いている」というようにだ。聞き手がイメージしやすい例を引き合いに出して、説明をわかりやすくするのだ。ただし、無理やり下手な比喩を使うとかえってわかりにくくなるので注意しよう。また、比喩表現は、わかりやすく伝えるのが目的で、文学表現のセンスをアピールするためではない。この点を勘違いしないでおこう。

　機会があれば、説明に「比較」を取り入れてみよう。「インドと日本の人口ピラミッドを比べてみると…」というように異なる２つの地域を比較することや、「リーマンショック以前と比べると…」というように異なる２つの時代を比べるのも、説明をわかりやすくするためのテクニックだ。こちらも比喩表現と同じで、強引にやろうとするとかえって失敗することもあるので、その点は注意しておこう。

「は」「に」「わ」で説明してきたことを実践すれば、十分に好印象を得られるだろう。加えて、もう１つ伝えるとすれば、時間を守ることだろう。

　プレゼンには、５分〜20分ぐらいの間で制限時間が設けられている場合が多い。あまり短すぎても問題があるが、制限時間を過ぎないように気をつけたい。制限時間を過ぎると、「準備不足」「まとめる力がない」と見なされるおそれがある。そうならないように、練習の段階から時間を計ろう。

　時間がオーバーするようであれば、話すピッチを上げる、間をつめるなどの調整をしてみよう。それでも時間がオーバーするようであれば、話の内容を思い切ってカットしよう。そうやって時間を守る目的でプレゼンの伝え方、内容に磨きをかけていくと、最終的に非常にまとまりのよいプレゼン準備ができるものだ。それが好印象

を与えるのは間違いない。

2. 資料を使う場合の注意

は 資料ばかり見ていると、照れていると思われる。面接官を見て話すのが基本であることを押さえておこう。

ホワイトボードに書こうと思ったらマジックのインキが出ない、持ってきた模造紙が破れていた、パソコンがフリーズを起こしてしまったなど、資料を使うと不運にもアクシデントに見舞われる可能性がある。そういったときでも集中を切らさないようにしてほしい。想定できるアクシデントが起こったときに、どんな対処法があるかをあらかじめ考えておくとよい。パソコンを使う際には、フリーズした場合に備えて、スライドをプリントアウトした紙を用意していくと安心だ。

に 資料を上手に使っての発表能力自体、大きなセールスポイントになる。うまくいけば、これを堂々と長所と言い放ってもよいだろう。そのほか、アイデア力、図解力、演出力などもアピールできる。

わ 最初にタイトルをはっきり示そう。どんな話が始まるのかを最初に伝えることで、その後の話が聞きやすくなる。妙に凝って、わかりにくいタイトルにしないように気をつけよう。

目次またはチャートでプレゼン全体の流れを示そう。プレゼンの全体像を把握してもらうことで、やはりその後の話が聞きやすくなる。

言葉はなるべく少なめにしよう。詳しい説明は口頭で行う。プレゼン資料は、キーワード、箇条書き、表、図など、なるべく一目で読み取れるもので構成しよう。

見せ方に凝りすぎないようにしよう。特にパワーポイントでプレ

第5章

ゼンする場合に、画面切り替え効果やアニメーション効果に凝る人がいる。使用するなとは言わないが、そういった点に凝りすぎて、肝心の内容がおろそかになっては元も子もない。

　資料と説明がちぐはぐにならないようにしよう。資料は口頭説明を補足するためにあることを最初に自覚しておこう。

　資料のどこに注目するとよいのかを明確に伝えよう。例えば、グラフや表を紹介して、その図の注目点に話が及んだときは、そこを指し示すなどして、面接官の目がそこに集まるように誘導しよう。

　時間を守ろう。資料を使う場合には、なるべく本番と同じ条件でリハーサルを行い、時間を計りながら、内容、伝え方を調整しよう。パワーポイントを使う場合には、スライドを切り替えるときに、不自然な間を作らないように注意しよう。スライド間をつなぐ言葉（接続詞など）を考えておくとよい。

4 ウェブ面接

　今後増える可能性のあるウェブ面接の対策についてもひと言だけ触れておこう。

　まず、カメラ、ヘッドフォン、マイク、照明などの準備は早めに整えよう。そして家族や先生などの協力を得ながら、写り映え、音の聞こえ方などをチェックし、できるかぎりよい状況を準備しよう。

　ウェブ面接ではいつもより少しだけゆっくりのテンポで話してみよう。そのうえで、きちんと口を開けてはっきり発音することを意識しよう。ジェスチャーを使う場合には、画面に動かす手がどこまで写っているかを確認しておくとよい。基本的には胸より上で動かすことを意識するとよいだろう。

付 記

面接回答練り直し
ワークシート

面接回答練り直しワークシート

志望理由 ▶ **Q** 「本学を志望する理由は何ですか」

回答欄

セールスポイント ▶ **Q**「あなたの長所を教えてください」

回答欄

高校生活 ▶ **Q**「高校時代の一番の思い出は何ですか」

回答欄

大学生活 ▶ **Q**「大学生になったら、何をしたいですか」

回答欄

回答欄

趣味 ▶ Q 「あなたの趣味は何ですか」

回答欄

回答欄

ウィークポイント ▶ **Q** 「あなたの短所は何ですか」

回答欄

高校の勉強1 ▶ **Q** 「高校の勉強で好きな科目は何ですか」

回答欄

高校の勉強2 ▶ **Q** 「高校の勉強で嫌いな科目は何ですか」

回答欄

時事問題 ▶ **Q** 「最近の気になるニュースを1つ挙げてください」

回答欄

適性に関する質問1 ▶ **Q** 「高齢者と自然に会話ができますか」

回答欄

_____

_____

_____

_____

_____

_____

_____

適性に関する質問2 ▶ **Q** 「あなたが○○になることに家族は賛成していますか」

回答欄

_____

_____

_____

_____

_____

_____

和田 圭史（わだ けいし）

1965年東京都に生まれる。成城大学文芸学部マスコミュニケーション学科卒業。小論文・作文専門指導「白藍塾」の経営法人株式会社はくらん代表取締役。昭和女子大学非常勤講師。総合型選抜、学校推薦型選抜の出願書類、面接指導に定評があり、高校生を対象とした特別講義のほか、教職員を対象とした研修・講演を毎年多数行っている。主な著書に『まるまる使える出願書類の書き方 三訂版』（桐原書店）、『AO・推薦入試 志望理由書で合格』『逆転合格の面接術 改訂版』、共著に『AO・推薦入試をひとつひとつわかりやすく。』（以上、学研）がある。

〈白藍塾問い合わせ先・資料請求先〉
〒161-0033 東京都新宿区下落合1-5-18-208　白藍塾資料請求係
https://hakuranjuku.co.jp　　0120-890-195（受付時間平日 8:30〜17:00）

まるまる使える
入試面接合格ナビ［改訂版］

2010年 6 月30日　初　版第 1 刷発行
2017年 6 月10日　初　版第12刷発行
2020年 7 月20日　改訂版第 1 刷発行

著　者	和田 圭史
発行人	門間 正哉
発行所	株式会社 桐原書店
	〒160-0023　東京都新宿区西新宿 4-15-3
	住友不動産西新宿ビル 3 号館
	TEL：03-5302-7010（販売）
	www.kirihara.co.jp
装丁・本文レイアウト	駒田 康高（デジタル・スペース）
イラスト	荒井 佐和子
印刷・製本所	図書印刷株式会社

✓ 好印象を与える受け答え

① 視線

- 相手をしっかりと見て話す。緊張していても、面接官が怖い顔をしていても、意識して面接官の目を見るように心がける。

- 面接官が複数のときは、基本的には質問を投げた人に目を合わせて話をすればよいが、ときどきはほかの面接官にも視線を移し、話をするようにする。

- 受験生が複数の場合には、自分以外の受験生と面接官のやりとりのときに、うつむいたりせず、話をしている人に視線を向けるようにする。

② 姿勢

- 姿勢がよいほうが、真面目さや明るさが伝わりやすい。

- 背筋をすっと伸ばす。頭の先からピンと張った糸が伸びているイメージを思い描くとよいだろう。

③ 話し方

- 話す前に面接官の質問をよく聞き、質問意図を正確に理解する。
- 「はい」「いいえ」ははっきり言う。
- 語尾も「〜です」「〜しています」まではっきりと言う。
- 「え〜と〜」「あの〜」などの言いよどみは多用しないように注意する。
- 若者言葉の使用、くどい敬語、尊敬語と謙譲語の混同に気をつける。
- 緊張すると早口になりがち。意識してゆっくりと大きな声で丁寧に話す。

はっき

はい、そうです